VWL Grundwissen

Prof. Dr. Bernd O. Weitz und
Anja Eckstein

Haufe

Inhalt

Vorwort

Jeden Tag sind die Medien voller Berichte und Kommentare über unsere Volkswirtschaft. Dabei wird u. a. auf deren Abhängigkeit von den Volkswirtschaften in den USA, Asien etc. hingewiesen. Häufig werden staatliche Eingriffe in das volkswirtschaftliche Geschehen gefordert und genau so häufig vehement abgelehnt. Und immer wieder wird über das Geld als Voraussetzung für das Funktionieren der Volkswirtschaft diskutiert.

In diesem TaschenGuide erfahren Sie Grundlegendes über die komplexen Zusammenhänge der Volkswirtschaft. Wir erklären Ihnen, wie eine Volkswirtschaft und wie Märkte funktionieren, wer darin eine Rolle spielt und welche Bedeutung Geld und Arbeit zukommen. Sie werden die unterschiedlichen Wirtschaftordnungen sowie die Möglichkeiten und Grenzen der Wirtschaftpolitik zur Steuerung der Volkswirtschaft ebenso verstehen wie die Einbettung unserer Volkswirtschaft in das globale Wirtschaftgeschehen.

Der TaschenGuide macht deutlich, auf welche Weise wir alle täglich mit volkswirtschaftlichen Zusammenhängen zu tun haben und wie Haushalte, Unternehmen und Staat bei der Gestaltung der Volkswirtschaft zusammenwirken.

Prof. Dr. Bernd O. Weitz und Anja Eckstein

Wie eine Volkswirtschaft funktioniert

Die Volkswirtschaftslehre (VWL) beschäftigt sich mit allen Erscheinungen des Wirtschaftslebens. Um dieses näher betrachten zu können, ist es wie bei allen anderen Wissenschaften notwendig, zunächst die Grundbegriffe, den Gegenstand und die Problembereiche darzustellen.

In diesem Kapitel lesen Sie,

- welche Akteure in einer Volkswirtschaft eine Rolle spielen (S. 8),
- warum das Wirtschaften notwendig ist (S. 10),
- warum das Wirtschaften als Produktionsprozess verstanden wird (S. 16) und
- wie volkswirtschaftliche Größen dargestellt und berechnet werden können (S. 26).

Volkswirtschaft und Volkswirtschaftslehre

Die Volkswirtschaftlehre (VWL) beschäftigt sich mit den gesamtwirtschaftlichen Zusammenhängen eines Staates: der Volkswirtschaft. Unter Volkswirtschaft versteht man das auf vielfältige Weise verflochtene, gesamte Wirtschaftsleben eines Volkes.

Was ist eine Volkswirtschaft?

Die VWL betrachtet also weniger das wirtschaftliche Verhalten einzelner Menschen oder Unternehmen, sondern die wirtschaftlichen Beziehungen und Entscheidungen der sogenannten Wirtschaftssubjekte. Darunter versteht die VWL Haushalte, Unternehmen und Staat. Die Volkswirtschaft ist gekennzeichnet durch die Rechtsordnung, die Eigentumsverhältnisse, den technischen Fortschritt und die Rahmenbedingungen des Wirtschaftslebens des jeweiligen Landes, aber auch durch ihre Verbindungen zu Volkswirtschaften anderer Länder und übergreifenden Strukturen, also der Weltwirtschaft.

Beispiel: Volkswirtschaftliche Beziehungen

Zur Volkswirtschaft zählen z. B. die Beziehungen zwischen Unternehmen und Staat in Form von Subventionen, Steuern etc., die Beziehungen zwischen Haushalten und Unternehmen in Form von Lohnzahlungen, Arbeitsverhältnissen etc., die Beziehungen zwischen Haushalten und Staat in Form von Lohnersatzleistungen, Steuern etc.

Die Aufgaben der VWL

Wozu benötigt man eine Volkswirtschaftslehre überhaupt? Zu den Aufgaben der Volkswirtschaftslehre zählen:

- die Beschreibung des Wirtschaftsgeschehens: Was ist vorhanden, was war gewesen?
- die Darstellung der Zusammenhänge des Wirtschaftsgeschehens: Warum ist es so, warum war es so?
- die Versuche der Vorhersage wirtschaftlicher Entwicklungen: Was wird wie wahrscheinlich sein?
- die Möglichkeit der Hilfestellung für politische Instanzen: Wie ist dies zu erreichen?

Beispiel: Arbeitsmarkt

Die Beschreibung des Wirtschaftsgeschehens zielt z. B. auf die Situation am Arbeitsmarkt im Allgemeinen ab. Bei der Frage nach den Zusammenhängen sind u. a. die Ursachen für die Arbeitslosigkeit und die Wandlung von Arbeitsplätzen zu erklären. Bei der Vorhersage wird z. B. versucht, die Entwicklung der Arbeitslosigkeit abzuschätzen. Bei den Hilfestellungen geht es darum, aus der Beantwortung der vorhergehenden Fragen verschiedene mögliche Maßnahmen abzuleiten, die die Arbeitslosigkeit verringern können, z. B. durch Beratung von Arbeitslosen, oder Maßnahmen, die Arbeitslose vorübergehend finanzielle Unterstützung bieten.

Mikroökonomie und Makroökonomie

Üblicherweise wird die VWL in die Mikroökonomie und die Makroökonomie unterteilt. Die Mikroökonomie betrachtet dabei die einzelwirtschaftlichen Gebiete, wie Angebot, Nachfrage, Markt und Preisbildung, die Makroökonomie die gesamtwirtschaftlichen Bereiche, z. B. den Wirtschaftskreislauf, die Volkswirtschaftliche Gesamtrechnung, das Wachstum oder die Arbeit innerhalb einer Volkswirtschaft. Diese Einteilung ist insofern idealisiert als dass sich einzelne Sachverhalte nicht immer eindeutig klassifizieren lassen.

Ökonomen im Wirtschaftsleben

Außerhalb des wissenschaftlichen Bereichs sind Volkswirte im privaten und staatlichen Bereich tätig; im privaten Bereich z. B. in Unternehmensberatungen, Versicherungen, privaten Banken sowie Verbänden, Gewerkschaften oder Kammern; im staatlichen Bereich in Instituten wie der Bundesbank, der Europäischen Zentralbank oder dem Internationale Währungsfonds, darüber hinaus in öffentlichen Verwaltungen und Organisationen.

Beispiele: Volkswirtschaftliche Fragestellungen

Wie kann in einer zunehmend alternden Gesellschaft die soziale Sicherung gewährleistet werden?
Sind staatlich festgeschriebene Preise sinnvoll, wie es etwa bei den Milchpreisen immer wieder diskutiert wird?
Welche Auswirkungen haben Mindestlöhne auf den Arbeitsmarkt?
Ist die Erhöhung der Mehrwertsteuer sinnvoll?
Wie kann die Stabilität des internationalen Finanzsystems stärker gesichert werden?

Die drei Akteure: Haushalt, Unternehmen, Staat

Die wichtigsten Akteure einer Volkswirtschaft wurden bereits benannt. Die VWL fasst Personen und Bereiche mit ähnlichen wirtschaftlichen Situationen folgendermaßen zu Wirtschaftssubjekten zusammen:

1 die Haushalte, die privaten und die öffentlichen des Staates, z. B. die des Bundes, der Länder und der Gemeinden,

2 die Unternehmen, die privaten und die öffentlichen, z. B. ein Kindergarten.
Beide, Haushalte und Unternehmen, werden also jeweils als Einheiten betrachtet, die wirtschaftsbezogene Entscheidungen fällen. Für die Volkswirtschaftslehre interessant sind nur die wirtschaftlichen Handlungsweisen, die nach außen hin spürbar werden.

3 Daneben kommt dem Staat eine hohe Bedeutung zu. Er muss dafür sorgen, dass der Bedarf an öffentlichen Gütern und Dienstleistungen gedeckt werden kann, wie z. B. die Pflege im Krankenhaus, der Theaterbesuch, der öffentliche Personenverkehr und die Polizeiaufgaben. Wie stark die Rolle des Staates allerdings ausgeprägt sein soll, wird kontrovers diskutiert und diese Frage spiegelt sich an den konkreten wirtschaftlichen Themen wider, wie etwa der Diskussion um die Höhe von Subventionen oder um die Festsetzung eines Mindestlohns. Darauf kommen wir an zahlreichen Stellen zurück.

Die VWL berücksichtigt darüber hinaus das Ausland und die internationalen Institutionen, denn die wirtschaftlichen Handlungsweisen einer Volkswirtschaft sind in hohem Maße mit anderen Volkswirtschaften verflochten.

Beispiel: Internationale Verflechtungen

Die privaten Haushalte machen z. B. im Ausland Urlaub oder können auch ihren Aufenthaltsort innerhalb der Europäische Union (EU) frei bestimmen. Ein Möbelunternehmen bezieht sein Holz aus Indien, lässt den Zuschnitt in Indonesien anfertigen, baut die Möbel in Thailand zusammen und verkauft sie in Österreich. Zwischen den einzelnen Staaten gibt es die unterschiedlichsten Wirtschaftsbeziehungen, z. B. in Form von Handelsabkommen. Dabei können nationenübergreifende Metastrukturen entstehen, etwa Wirtschaftseinheiten wie beispielsweise die EU.

Bedürfnisse, Bedarf und Knappheit

Vom Bedürfnis zur Nachfrage

Um die Prinzipien zu verstehen, nach denen eine Volkswirtschaft funktioniert, betrachten wir zunächst die Ebene des einzelnen Menschen. Jeder Mensch hat Wünsche, die er sich gern erfüllen möchte. Man spricht von einem empfundenen Mangel bzw. einem Bedürfnis.

> Bedürfnisse können als „Motoren des Wirtschaftens“ bezeichnet werden, denn sie veranlassen den Menschen zu arbeiten und Güter und Dienstleistungen bereit zu stellen.

Bedürfnisse können sehr unterschiedlich sein, befriedigt werden sie in der Regel durch Güter und Dienstleistungen oder durch soziale Kontakte. Für die wirtschaftliche Betrachtung sind letztlich nur die Bedürfnisse von Bedeutung, die eine Leistungserbringung bzw. eine Bezahlung erforderlich machen. Zu diesen Bedürfnissen zählen neben den individuellen Bedürfnissen, wie Kleidung, Autos, Urlaub, auch die kollektiven Bedürfnisse nach Gesundheit, Bildung, Mobilität und nach einer sauberen Umwelt. Konkretisiert sich das Bedürfnis auf ein bestimmtes Produkt, wird dies als Bedarf bezeichnet. Der Bedarf ist die finanziell gesicherte Möglichkeit, ein Produkt zu kaufen, ohne dass dies tatsächlich erworben werden muss. Wenn der Bedarf auf einem Markt wirksam wird, spricht man von Nachfrage.

Beispiel: Bedürfnisse, Bedarf und Nachfrage

Ein wirtschaftliches Bedürfnis ist der Wunsch nach einem Brot, das in einer Volkswirtschaft in der Regel bezahlt werden muss. Der Bedarf entsteht in dem Moment, wenn genug Geld da ist, um ein bestimmtes Brot zu kaufen, auch wenn es nicht gekauft wird. Erst wenn der Mensch zum Bäcker geht und das Brot tatsächlich verlangt, spricht man von der Nachfrage.

Die Zwickmühle Knappheit

Bedürfnisse werden in der Regel durch Güter und Dienstleistungen befriedigt. Jedoch sind die meisten vorhandenen Güter knapp – so lautet ein grundlegendes Problem aus volkswirtschaftlicher Sicht.

> Knappheit bedeutet, dass die vorhandene Menge an Gütern und Dienstleistungen nicht ausreicht, um alle Bedürfnisse aller Menschen zu jeder Zeit zu befriedigen – eine Zwickmühle also.

Jedoch sind nicht alle vorhandenen Güter knapp. Einige Güter sind frei. Wichtig ist dabei nicht, ob ein Gut selten vorkommt, sondern vielmehr, ob es für den jeweiligen Zweck begrenzt zur Verfügung steht (genauer zu „Gütern", s. S. 15).

Beispiele: Knappheit

Der Sauerstoff, den wir zum Atmen brauchen, kann von uns ohne jede Bezahlung genutzt werden. Er ist ein freies Gut. Ein knappes Gut ist dagegen der Sauerstoff, der abgefüllt in Sauerstoffflaschen für das Tauchen benötigt wird. Andere Rohstoffe aus der Natur, etwa Wasser oder Bäume, zählen jedoch zu den knappen Gütern. Ebenso sind immaterielle Güter (Dienstleistungen) knapp, z. B. Arbeits- oder Kindergartenplätze.

Dieses Knappheitsproblem hat zwei Ursachen:

Zum einen steht in einem bestimmten Zeitraum nur bestimmte Menge an sogenannten volkswirtschaftlichen Produktionsfaktoren zur Verfügung, die zur Produktion eines bestimmten Guts eingesetzt werden. Darunter versteht man Arbeitskraft, Kapital in Form von Geldmitteln, Maschinen, Anlagen oder Gebäuden sowie Natur in Form von Boden. Die Mengen dieser Produktionsfaktoren sind zumindest kurzfristig nicht vermehrbar oder in ihrer Qualität verbesserbar.

Zum anderen können mit bestimmten Mengen an Produktionsfaktoren nicht beliebig große Gütermengen produziert werden. Über die Menge an Gütern entscheiden vielmehr die Produktionsverfahren und der Wissensstand einer Volkswirtschaft (ausführlicher zu „Produktionsfaktoren" s. S. 17).

Maßstäbe wirtschaftlichen Handelns

Aus dem Problem der Knappheit folgt, dass die Wirtschaftssubjekte mit den vorhandenen Mitteln versuchen müssen, die vorhandenen Bedürfnisse zu befriedigen. Da nicht alle Bedürfnisse in gleichem Umfang befriedigt werden können, müssen die einzelnen Wirtschaftssubjekte mit den vorhandenen Mitteln wirtschaften. Als „Wirtschaften" wird ganz allgemein der rationale Umgang mit knappen Gütern, Ressourcen und finanziellen Mitteln bezeichnet. Wie das einzelne Wirtschaftssubjekt sich hierbei verhält, d. h. welche Entscheidungen es trifft und welche Handlungen es ausführt, hängt von verschiedenen Faktoren ab. Menschen, die ihre wirtschaftlichen Entscheidungen möglichst planvoll und systematisch abwägen, handeln rational.

> Menschen, die ihre wirtschaftliche Verhaltensweise nach rationalen, also nach zweckmäßigen und effizienten Gesichtspunkten gestalten, werden auch als Homo oeconomicus bezeichnet. Das Handeln nach diesen Gesichtspunkten entspricht dem ökonomischen Prinzip.

Wirtschaftlicher Erfolg

Dabei müssen die Entscheidungen nicht unbedingt nach rein ökonomischen Gesichtspunkten abgewogen werden. Auch andere Ziele und Wege können auf den wirtschaftlichen Erfolg rückwirken. Letztlich geht es immer darum, wirtschaftlichen Erfolg zu haben. Das bedeutet z. B. für private Unternehmen, langfristig am Markt zu bestehen oder hohe Gewinne zu erzielen, für einen privaten Haushalt z. B., dass die Mitglieder eine gut bezahlte Arbeitsstelle besitzen, sich eine Urlaubsreise leisten oder im Alter finanziell versorgt sind.

Beispiel: Anwendung des Modells Homo oeconomicus

Ein Unternehmen muss zwar immer die ökonomischen Gesichtspunkte berücksichtigen, jedoch beeinflusst das Konsumentenverhalten den Wettbewerb entscheidend. So können unannehmbare Arbeitsbedingungen im Unternehmen oder Umweltverschmutzungen dazu führen, dass sich die Konsumenten den Produkten eines anderen Unternehmens zuwenden. Eine Betonung ethischer und ökologischer Komponenten kann deshalb daraus resultierende höhere Kosten für ein Produkt durchaus aufwiegen. Als Beispiel wäre hier aus der jüngeren Vergangenheit zu nennen: Handy-Konzerne, die ihre Produktionsstandorte in Deutschland geschlossen haben, mussten unmittelbar danach Verluste durch Nachfragerückgänge im Land hinnehmen.

Maximum- und Minimumprinzip

Um rational handeln zu können, d. h., auch nicht-ökonomische Ziele zu beachten, müssen sich Wirtschaftssubjekte vergegenwärtigen, wie sie mit ihren Zielen und Mitteln umzugehen haben. Das Verhältnis zwischen den Zielen und Mitteln ist entscheidend. Es geht um die Ziel-Mittel-Relation. Beim Handeln nach dem ökonomischen Prinzip gibt es zwei Ausprägungen: Maximumprinzip und Minimumprinzip.

Nach dem Maximumprinzip handelt derjenige, der mit vorgegebenen Mitteln versucht, den größtmöglichen Nutzen zu erreichen. Nach dem Minimumprinzip handelt der derjenige, der ein vorgegebenes Ziel mit einem möglichst geringen Einsatz an Mitteln zu erreichen versucht.

Beispiel: Herstellung eines Produktes

Ein Unternehmen möchte ein bestimmtes Produkt auf den Markt bringen. Nach dem Maximumprinzip steht für die Entwicklung, Herstellung usw. des Produktes eine Summe von einer Million Euro zur Verfügung. Das Unternehmen wird nun versuchen, das Produkt so gut wie möglich im Rahmen der vorhandenen Gelder zu gestalten.

Ist dagegen kein Geldrahmen für die Herausbringung des Produktes gegeben, sondern das Ziel, dass dieses Produkt zu einem bestimmten Zeitpunkt in einer bestimmten Menge am Markt zur

Verfügung stehen muss, wird nach dem Minimumprinzip versucht, dieses Ziel mit möglichst wenig Aufwand an Zeit und Kosten, z. B. für Herstellung oder Transport des Produkts, zu erreichen.

Produktion und Produktionsfaktoren

Güter und Dienstleistungen

Güter und Dienstleistungen werden folgendermaßen unterschieden:

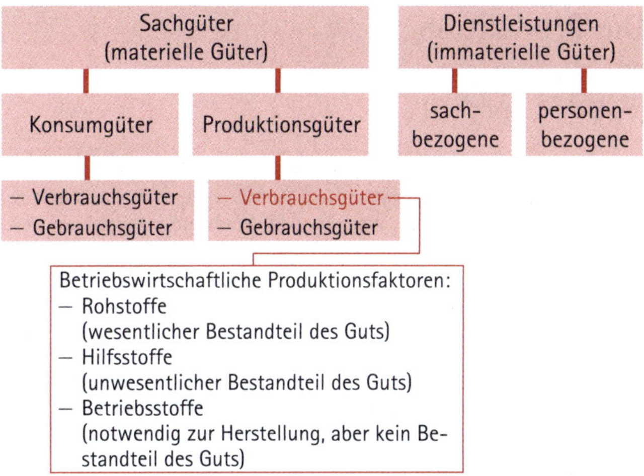

Beispiele: Güter und Dienstleistungen

Sachgüter: Für den privaten Haushalt sind Waschmaschine und Waschmittel Konsumgüter, die Waschmaschine ein Gebrauchsgut und das Waschmittel ein Verbrauchsgut. In einem Textilunternehmen sind Waschmaschine und Waschmittel Produktionsgüter, die Maschine ein Gebrauchsgut, das Waschmittel ein Verbrauchsgut. **Dienstleistungen:** Versicherungen sind personenbezogene und Malerarbeiten sachbezogene Dienstleistungen. **Roh-, Hilfs- und Betriebsstoffe:** Der Rohstoff einer Teekanne ist z. B. Ton. Ein Hilfsstoff ist die Glasur, mit der die Kanne beschichtet ist. Der Betriebsstoff ist das Heizöl für den Ofen, in dem die Kanne gebrannt wurde.

Die Produktion

Die meisten Güter und Dienstleistungen müssen hergestellt, produziert werden.

Aus volkswirtschaftlicher Sicht wird unter dem Begriff Produktion die gesamte Erzeugung von Sachgütern und Dienstleistungen verstanden. Dazu gehören die Bereiche Erzeugung, Be- und Verarbeitung, Handel und Verkehr sowie Dienstleistungen.

Zum Bereich Erzeugung gehören dabei alle Unternehmen, die sich mit der Gewinnung von Rohstoffen befassen, z. B. die Landwirtschaft. Zum Bereich Be- und Verarbeitung gehören die Unternehmen, die aus den Rohstoffen die gewünschten Güter herstellen. Die Wirtschaft wird aus Sicht der VWL in drei Sektoren aufgeteilt:

- primärer Sektor (Land- und Forstwirtschaft, Energieerzeugung),
- sekundärer Sektor (Industrie und Handwerk),
- tertiärer Sektor (Handel und Dienstleistungen).

Manchmal wird auch noch ein weiterer Sektor benannt, der sogenannte quartäre Sektor, der alle Einrichtungen der Gemeinden und Städte, von Bund und Bundesländern, z. B. Behörden, Schulen, Krankenhäuser usw., beinhaltet.

Die Produktionsfaktoren

Um Güter und Dienstleistungen herstellen zu können, sind die Produktionsfaktoren Arbeit, Natur und Kapital notwendig. Diese drei Faktoren bedingen einander und nur wenn sie zusammenwirken, ist die Produktion von Gütern und Dienstleistungen möglich.

- **Zum Produktionsfaktor Natur** bzw. Umwelt gehören die Naturkräfte und die vorhandenen Grundstücke. Die natürlichen Ressourcen sind begrenzt, zusätzlich durch Raubbau und Umweltverschmutzungen gefährdet und stellen also ein knappes Gut dar.
- **Der Produktionsfaktor Kapital** besteht aus Geld- und Sachkapital. Geldkapital ist das Geld, welches nicht zum Konsum verbraucht, sondern für die Anschaffung und Nutzung von Produktionsmitteln wie Maschinen verwendet wird, um damit wieder Kapital zu schaffen. Sachkapital sind die technischen Produktionsmittel bzw. Investitionsgüter. Im Gegensatz zu Arbeit und Natur ist Kapital kein ursprünglicher, sondern ein derivativer Produktionsfaktor: Es muss erst produziert werden.
- **Der Produktionsfaktor Arbeit** stellt das verbindende Element zwischen Natur und Kapital dar. Für die volkswirtschaftliche Betrachtung ist jedoch nur die Arbeit im

wirtschaftlichen Sinne von Bedeutung, für die ein Entgelt gezahlt wird. Von zentraler Bedeutung ist, dass heutzutage nicht jeder Mensch alleine herstellen kann, was seine eigenen Bedürfnisse deckt. Auf dieser Grundlage beruhen Arbeitsteilung und Handel.

Kombination und Substitution von Produktionsfaktoren

Die optimale Planung des Einsatzes von Arbeit, Natur und Kapital ist eine der zentralen Aufgaben des Unternehmens. Auch in der Wirtschaftspolitik müssen die Produktionsfaktoren Berücksichtigung finden, um etwa die Arbeitslosigkeit z. B. durch attraktive Unternehmensstandorte zu bekämpfen.

> Erfolgreiches Wirtschaften hängt davon ab, wie effizient die Produktionsfaktoren betriebswirtschaftlich und volkswirtschaftlich kombiniert werden. Es besteht aber die Möglichkeit, einen Produktionsfaktor durch einen anderen zu ersetzen. Insbesondere der Einsatz von Kapital statt Arbeit hat für die Volkswirtschaft tiefgreifende Folgen.

Substitutionen des Produktionsfaktors Arbeit durch Kapital stellen z. B. Rationalisierungsmaßnahmen dar, bei denen die Menschen innerhalb der Produktion durch Maschinen ersetzt werden. Sie erleichtern zwar zum einen die Arbeit, erhöhen den unternehmerischen Gewinn und entsprechen insofern dem oben definierten Prinzip des ökonomischen Handelns. Zum anderen erhöhen sie aber die Arbeitslosigkeit.

Der Wirtschaftskreislauf: Wie die Akteure zusammenwirken

Die Beziehungen unter den Akteuren werden in der VWL anhand von Kreislaufmodellen abgebildet. Bei den im Folgenden vorgestellten Wirtschaftskreisläufen handelt es sich um vereinfachte Modelle, welche nur Aspekte der komplexen Wirtschaftsdynamik verdeutlichen.

Der einfache Wirtschaftskreislauf

Für einen ersten Überblick ist es sinnvoll, zunächst die Beziehungen zwischen den Haushalten und Unternehmen zu betrachten. Der Staat und das Ausland werden vorläufig ausgeblendet. Die Unternehmen und die Haushalte werden zusammengefasst als zwei Pole (Sektoren) der Volkswirtschaft verstanden, zwischen denen zwei Kreisläufe in entgegengesetzter Richtung verlaufen (s. Abb. S. 20): Beim Güterkreislauf (Güterstrom) bieten die Haushalte den Unternehmen Produktionsfaktoren, z. B. Arbeitsleistung, an. Die Unternehmen stellen Güter und Dienstleistungen her, die sie den Haushalten zur Verfügung stellen. Beim Geldkreislauf (Geldstrom) zahlen die Haushalte für die Güter und Dienstleistungen den Unternehmen einen bestimmten Geldbetrag. Die Unternehmen bezahlen die Haushalte für die zur Verfügung gestellten Produktionsfaktoren, z. B. in Form von Lohnzahlungen für die Arbeitsleistung.

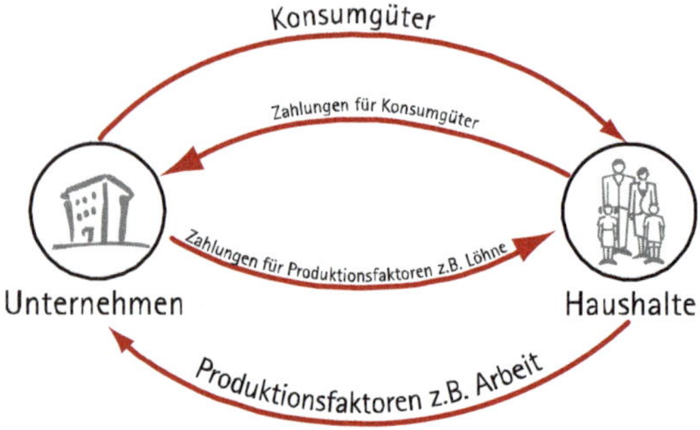

Der einfache Wirtschaftskreislauf

Unternehmen und Haushalte können also sowohl Anbieter als auch Nachfrager sein. Der einfache Wirtschaftskreislauf setzt voraus, dass Geld- und Güterstrom gleich groß sind. Eine Annahme dabei ist, dass das erwirtschaftete Einkommen dabei vollständig wieder ausgegeben wird. In dieser sogenannten stationären Wirtschaft wird das Sparen nicht berücksichtigt.

Die Erweiterungen

Die evolutorische Wirtschaft – die Erweiterung des Wirtschaftskreislaufes – berücksichtigt nun, dass in der Regel ein Teil des Einkommens zurückgelegt wird. Der Verzicht auf Konsum zu einem bestimmten Zeitpunkt ermöglicht es, zu sparen und später größere Investitionen zu tätigen. Letztendlich geht es aber darum, alle Wirtschaftssubjekte zu berücksichtigen: Haushalte, Unternehmen inklusive der Banken, die in der Regel für das Sparen genutzt werden, der Staat und das Ausland (s. Abb. S. 22). Diese Wirtschaftssubjekte spielen im Wirtschaftskreislauf einer offenen Volkswirtschaft mit staatlicher Aktivität zusammen:

- Güter- und Geldstrom zwischen Unternehmen und Haushalten stellen sich wie im einfachen Kreislauf dar.
- Hinzu kommt nun, dass Unternehmen mit Hilfe der Banken Investitionen tätigen. An den Staat werden Steuern gezahlt.
- Unternehmen erhalten Geld vom Staat, z. B. aus staatlichen Güterkäufen oder in Form von Subventionen. An das Ausland zahlen Unternehmen für Importe, gleichzeitig erhalten die Unternehmen Geld für Exporte.
- Die Haushalte legen z. B. ihr Geld bei den Banken an. Dem Staat zahlen sie Steuern und erhalten dafür vom Staat finanzielle Leistungen, z. B. Arbeitslosengeld oder Kindergeld.
- Zwischen dem Ausland und den Haushalten bestehen ebenfalls Zahlungen in beide Richtungen, z. B. in Form von Zahlungen für Güter im Urlaub; ebenso zwischen Ausland und Staat, z. B. in Form von Zahlungen für Zölle, und nicht zuletzt zwischen Banken und Ausland, z. B. in Form von Geldanlagen, Investitionen oder Krediten.

Aus Gründen der besseren Übersichtlichkeit haben wir in der Abbildung auf der folgenden Seite die Beziehungen des Auslands zu privaten Haushalten, Staat und Banken nicht eingezeichnet.

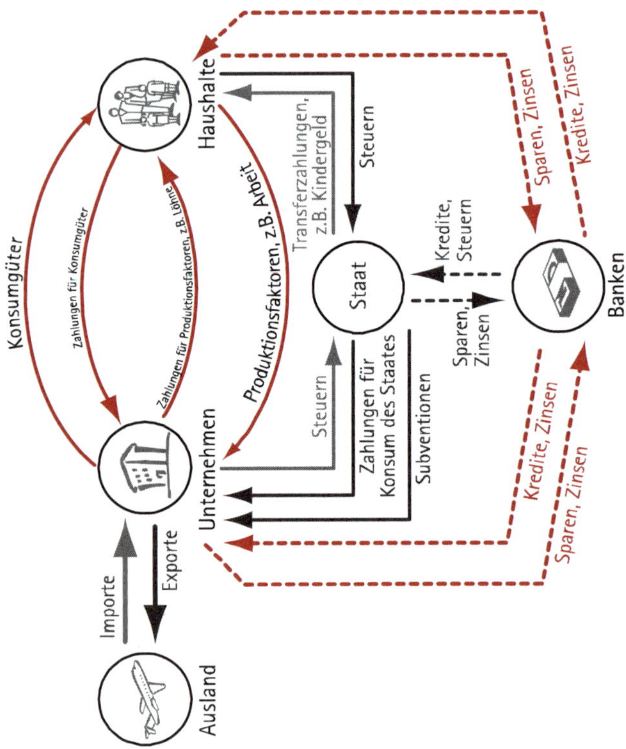

Der erweiterte Wirtschaftskreislauf

Das Einkommen

Zum Verständnis der volkswirtschaftlichen Zusammenhänge ist es hilfreich, zunächst grundsätzliche Einteilungen des Einkommens innerhalb einer Volkswirtschaft zu kennen. Beim ökonomischen Einkommensbegriff wird zwischen Faktor- und Transfereinkommen unterschieden:

- **Faktor- bzw. Erwerbs- und Vermögenseinkommen** sind Einkommen, die im Zuge des Produktionsprozesses entstehen und als Vergütung für die Leistungen der Produktionsfaktoren Arbeit, Kapitel und Natur anzusehen sind. Sie setzen sich zusammen aus den Arbeitnehmerentgelten (Löhne, Gehälter usw.) sowie aus den Unternehmens- und Vermögenseinkommen (Gewinne von Unternehmen, Zinsen, Dividenden).
- **Transfereinkommen** sind Einkommen, die Wirtschaftssubjekten ohne wirtschaftliche Gegenleistung zufließen (z. B. Sozialrenten, Pensionen, Kindergeld).

Entsprechend der verschiedenen Einkommensarten wird steuerrechtlich folgendermaßen unterschieden: Einkommen aus der Land- und Forstwirtschaft, dem Betrieb, selbstständiger Arbeit, nichtselbstständiger Arbeit, Kapitalvermögen, Vermietung und Verpachtung, sonstiges Einkommen, wie Unterhaltsleistungen.

Weitere in diesem Zusammenhang bedeutsame Begriffe sind:

- **Das Volkseinkommen** bzw. das volkswirtschaftliche Gesamteinkommen ist die Summe aller den inländischen

Wirtschaftssubjekten aus dem In- und Ausland in einer Periode zugeflossenen Einkommen. Es umfasst auf gesamtwirtschaftlicher Ebene das Arbeitnehmerentgelt sowie die Unternehmens- und Vermögenseinkommen und gilt als zentrale Größe der Verteilungsrechnung des Bruttoinlandsprodukts (s. S. 27) sowie der Analyse und politischen Gestaltung der Einkommensverteilung (s. S. 25). Die makroökonomische Sicht der Volkswirtschaftslehre beschäftigt sich entsprechend mit dem Volkseinkommen und der Messung der Vermögenszugänge in einer Volkswirtschaft.

- **Das Nominaleinkommen** ist der Wert des Einkommens ohne die Berücksichtigung der Kaufkraft. Da sich aber die Preise für Güter und Dienstleistungen ändern, erhält man für das Nominaleinkommen je nach Höhe des Preisniveaus auch unterschiedlich viele Güter und Dienstleistungen. Man spricht vom **Realeinkommen**. Die Berücksichtigung des Realeinkommens bzw. der Kaufkraft ist deshalb unumgänglich bei der Bewertung des Einkommens und der Gerechtigkeit bei der Einkommensverteilung.

Beispiel: Nominal- und Realeinkommen

Ein Arbeitnehmer erhält einen Lohn von 2.000 EUR netto im Monat. Von diesem Lohn muss er alle im Haushalt anfallenden Kosten bezahlen, wie Nahrungsmittel, Kleidung, Unterkunft, Urlaub, Freizeitbeschäftigungen etc. Kosten diese Dinge im Monat durchschnittlich 1.900 EUR, so kann er noch 100 EUR sparen. Werden aber nun die Preise für Milch, Butter etc. erhöht, steigen seine Ausgaben. Für die gleichen Produkte bezahlt er nun z. B. im Monat 2.000 EUR. Entsprechend kann er jetzt nichts mehr sparen. Letztendlich erhält er immer noch 2.000

EUR für seine Arbeit (Nominaleinkommen), aber gemessen an dem, was er sich dafür leisten kann, sinkt der Wert seines Einkommens (Realeinkommen).

- Der Begriff des **Nettoeinkommens** wird in zwei unterschiedlichen Bedeutungen gebraucht. Auf einzelwirtschaftlicher (mikroökonomischer) Ebene bezeichnet er das Einkommen nach Abzug von Steuern und Sozialabgaben. Im Rahmen der Volkswirtschaftlichen Gesamtrechnung (makroökonomische Betrachtung) ergibt sich das Nettoeinkommen durch Abzug der Abschreibungen vom Bruttoeinkommen.

Einkommensverteilung

Aus volkswirtschaftlicher Sicht geht es bei der Einkommensverteilung u. a. um die Verteilung von Einkommen auf Haushalte und Unternehmen. Es stellen sich dabei z. B. die Fragen: Was ist denn gerecht? Und wie soll dieses wirtschaftspolitische Ziel erreicht werden?

Die Lohn- und die Gewinnquote

Zwei Größen, die für die Diskussion zur gerechten Einkommensverteilung herangezogen werden können, sind die Lohnquote und die Gewinnquote. Die Lohnquote zeigt an, wie viel Prozent des erzielten volkswirtschaftlichen Gesamteinkommens durch Einkommen aus unselbstständiger Arbeit entstanden sind. Die Gewinnquote zeigt an, wie viel Prozent des erzielten volkswirtschaftlichen Gesamteinkommens aus selbstständiger Arbeit entstanden sind. Dies ist für die Problematik der gerechten Einkommensverteilung insofern wichtig, als beide Arten die primäre Einkommensverteilung als Ist-Zustand darstellen.

$$\text{Lohnquote} = \frac{\text{Einkommen aus unselbstständiger Arbeit x 100}}{\text{Volkswirtschaftliches Gesamteinkommen}}$$

$$\text{Gewinnquote} = \frac{\text{Unternehmens- und Vermögenseinkommen x 100}}{\text{Volkswirtschaftliches Gesamteinkommen}}$$

Anhand dieser Quoten kann abgelesen werden, aus welchem wirtschaftlichen Bereich das Einkommen verstärkt gebildet wird. Sinkt z. B. die Lohnquote, so kann dies ein Indikator dafür sein, dass die soziale Ungerechtigkeit in der Volkswirtschaft ansteigt.

Transferleistungen

Fast noch wichtiger ist es, eine gerechte Verteilung für Personen zu schaffen, die kein eigenes Einkommen haben können. Hier hat der Staat verschiedene Möglichkeiten, diese Menschen über sogenannte Transferleistungen, z. B. Krankengeld, Arbeitslosengeld etc. zu unterstützen. Da diese Leistungen vorwiegend aus Steuern, Abgaben und Beiträgen der arbeitenden Bevölkerung bestritten werden, findet also eine Umverteilung des Einkommens statt.

Volkswirtschaftliche Gesamtrechnung

Die Volkswirtschaftslehre nimmt die Wirtschaftskreisläufe (s. S. 20) als Ausgangspunkt dafür, die dargestellten Beziehungen auch rechnerisch zu erfassen und damit die gesamtwirtschaftlichen Vorgänge berechenbar zu machen. Diese sogenannte Volkswirtschaftliche Gesamtrechnung (VGR) wird vom Staat selbst durchgeführt. Seit 1995 gilt für die EU-Mitgliedstaaten das Europäische System Volkswirtschaftlicher Gesamtrechnungen (ESVG). Neben der Verdeutlichung der Wirtschaftsbeziehungen dient es dem Vergleich der Länder, hilft bei der Berechnung nationaler Wachstumsraten, stellt die Grundlage für die Einkommensverteilung und die Berechnung der Beiträge dar.

Das Bruttoinlandsprodukt (BIP)

Eine wichtige Größe ist dabei das Bruttoinlandsprodukt (BIP). Das ist die Summe des Wertes aller Güter und Dienstleistungen, die in einer Volkswirtschaft während einer Rechnungsperiode (in der Regel ein Kalenderjahr) hergestellt und erwirtschaftet werden. Je höher dieser Wert ist, desto größer ist die Zahl der bereitgestellten Güter und Dienstleistungen. Das BIP kann als Gradmesser der Leistungsfähigkeit und damit als Wohlstandsmesser einer Volkswirtschaft dienen.

Beispiel: Berechnung des BIP

Zum BIP zählt der Wert aller Leistungen der produzierenden Unternehmen, der Dienstleistungsunternehmen, des Handels, des Staates, der Banken, der Freiberufler (Künstler, Ärzte, Anwälte etc.). Als Wert für alle Güter und Dienstleistungen werden die auf den Märkten ausgehandelten Preise verwendet – der Wert wird also z. B. nicht nur durch die Preise von Konsumgütern gebildet, sondern es zählen auch Einkommen dazu, wie Löhne und Gehälter, Unternehmens- und Gewinneinkommen.

Unentgeltliche Leistungen des Staates, wie die Bereitstellung von Bildung, sowie die Erzeugung zum Eigenverbrauch in Unternehmen werden als Sach- und Personalkosten bzw. Herstellungskosten in die Berechnung genommen. Selbst ausgeführte Leistungen im privaten Haushalt bleiben unberücksichtigt.

So geht die VGR vor

Die Kreislaufbeziehungen werden bei der VGR in Konten aufgespaltet, welche die Einnahmen und Ausgaben für die jeweilige zu betrachtende Wirtschaftseinheit – Haushalte bzw. Unternehmen – aufgliedern. So fasst z. B. das gesamtwirtschaftliche Produktionskonto der Unternehmen alle produzierten Werte aller Unternehmen zusammen. Den Wertzuwachs, den die Unternehmen innerhalb eines Jahres erwirtschaften, nennt man dabei Wertschöpfung. Dieser stellt den Beitrag der Unternehmen zum BIP dar.

Beispiel: Die Bruttowertschöpfung

Einnahmen (z. B. Umsatz)

– Ausgaben (Kosten, die bei der Produktion entstehen, z. B. Löhne, Gehälter, Mieten, Zinsen, Gewinne)

– Vorleistungen (wie Roh-, Hilfs- und Betriebsstoffe, Bankgebühren)

= Bruttowertschöpfung

Ein weiteres wichtiges Konto im Rahmen der VGR ist das gesamtwirtschaftliche Einkommenskonto, bei dem die von Inländern im In- und Ausland erwirtschafteten Einkommen erfasst werden – das Volkseinkommen. Alle staatlichen Aktivitäten, also die Transferzahlungen des Staates an die Haushalte, z. B. Arbeitslosengeld oder Kindergeld, werden ausgeklammert.

Das BIP wird folgendermaßen errechnet:
Summe aller Einnahmen
- Vorleistungen
= Bruttowertschöpfung
+ Gütersteuern (abzüglich Subventionen)
= Bruttoinlandsprodukt (nominal, also zu Preisen des Berechnungsjahres)
- Inflationsrate
= Bruttoinlandsprodukt (real, also zu Preisen des Basisjahrs)

Nutzen der VGR

Die VGR gibt der Wirtschaftspolitik und den Untenehmen eine Orientierungshilfe. Ausgangspunkt ist das BIP, also die Summe aller erwirtschafteten Leistungen einer Volkswirtschaft innerhalb eines Kalenderjahres. Die VGR beantwortet folgende Fragen:

1. Wo wird der Wert dieser Leistung erarbeitet? Also zu welchen Teilen sind welche Wirtschaftssektoren beteiligt?
2. Wofür wird die Summe verwendet? Also zu welchen Teilen wird sie für den privaten Konsum, den Staatsverbrauch, Investitionen der Unternehmen und für Exporte verwendet?
3. Wie ist diese Summe verteilt? Also wie hoch sind Lohn- und Gewinnquote, d. h. welchen Anteil haben die Löhne und Gehälter sowie die Gewinne und Vermögenserträge an dieser Summe?

Auf einen Blick: Wie eine Volkswirtschaft funktioniert

- Unter Volkswirtschaft versteht man die Beziehungen zwischen den Wirtschaftssubjekten, insbesondere Haushalte, Unternehmen und Staat. Für eine volkswirtschaftliche Betrachtung des Wirtschaftslebens wird auch das Ausland einbezogen.
- Güter und Dienstleistungen sind knapp. Daraus ergibt sich der Zwang zum Wirtschaften. Das bedeutet, nach zweckmäßigen und effizienten Gesichtspunkten zu handeln. Das Ziel dabei ist es, den höchstmöglichen Nutzen zu erzielen.
- Nach diesem Prinzip handeln Wirtschaftssubjekte in der Regel, wenn sie Geldmittel und Güter austauschen.
- Die Produktion von Gütern und Dienstleistungen ist nur möglich, wenn die Produktionsfaktoren Arbeit, Natur und Kapital zusammenwirken.
- Die VGR bringt Erkenntnisse über den Stand und die Entwicklung einer Volkswirtschaft. Das BIP ist die Summe aller erwirtschafteten Güter und Dienstleistungen einer Volkswirtschaft und die zentrale Größe zur Messung ihrer Leistungsfähigkeit.

Wie Märkte funktionieren

Aus der volkswirtschaftlichen Arbeitsteilung ergibt sich die Notwendigkeit zu tauschen. Da ein Tausch von Naturalien in der Regel nicht praktikabel oder gar möglich ist, ist eine Vergleichsware notwendig, das Geld. Geld wird also gegen Güter und Dienstleistungen getauscht. Der Ort dieses Tausches ist der Markt.

In diesem Kapitel lesen Sie,

- welche Kräfte den Markt antreiben (S. 32),
- wie Preise entstehen und den Markt beeinflussen (S. 39) und
- welche Aufgaben der freie Wettbewerb erfüllt (S. 43).

Angebot und Nachfrage – Triebkräfte des Marktes

Auf einem Markt treffen die Anbieter mit ihren Gütern und Dienstleistungen auf die entsprechenden Nachfrager. Beim Markt handelt es sich also um einen Ort, an dem die Anbieter möglichst hohe Preise erwirtschaften und gleichzeitig die Nachfrager möglichst wenig bezahlen wollen. Der Markt muss nicht immer ein geografischer Ort sein, wie etwa der Wochenmarkt, sondern er ist die gedankliche Zusammenfassung einer Gruppe von Angeboten und Nachfragen. Zwei grundsätzliche Marktarten werden unterschieden:

- Die Faktormärkte haben die Produktionsfaktoren Natur, Kapital und Arbeit im Angebot. Es handelt sich um den Immobilien-, den Arbeits- und den Kapitalmarkt.
- Als Gütermärkte werden alle Konsum- und Investitionsgütermärkte bezeichnet.

Beispiel: Angebote auf den Märkten

Immobilienmarkt: Grundstücke oder Häuser
Arbeitsmarkt: Arbeitskraft und Lohnzahlungen
Kapitalmarkt: Geldmittel oder Wertpapiere
Konsummarkt: Lebensmittel oder Möbel
Investitionsgütermarkt: Maschinen oder Gebäude

Die Nachfrage

Auf der einen Seite des Marktes steht die Nachfrage. Damit drückt ein potenzieller Käufer seinen Wunsch nach einem Gut oder einer Dienstleistung aus. Über das tatsächliche

Verhalten des Käufers entscheidet eine Reihe von Faktoren, die ihn beeinflussen. Zu diesen Bestimmungsgrößen zählen:

- der Preis des Gutes,
- die Preise der anderen/konkurrierenden Güter,
- das Einkommen des Käufers,
- die Bedarfsstruktur,
- die Lage des Marktes (z. B. im Internet) und
- die dem Käufer zur Verfügung stehende Zeit.

Da die letzten drei Punkte nur schwer zu fassen sind, werden bei der Analyse des Nachfrageverhaltens nur die ersten drei Bestimmungsgrößen berücksichtigt. Diese Analyse ist umso wichtiger, als dass sie das wirtschaftliche Verhalten der Marktteilnehmer erklärt und nachvollziehbar machen soll. Gleichzeitig ist sie außerdem für jedes Unternehmen für die eigene Produktion von großer Bedeutung. Für die Analyse der Nachfrage werden verschiedene spezielle Nachfragefunktionen herangezogen. Generell wird dabei die Nachfragemenge (Wirkung) in Abhängigkeit zu den jeweiligen Bestimmungsgrößen (Ursache) dargestellt. Je nach betrachteter Größe wird unterschieden nach der Nachfrage in Abhängigkeit

- vom Preis des Gutes,
- vom Preis der anderen (z. T. konkurrierenden) Güter,
- vom zur Verfügung stehenden Einkommen.

Abhängigkeit vom Preis des Gutes

Das Gesetz der Nachfrage besagt, dass die Nachfrage eines Gutes sinkt, wenn dessen Preis steigt. Fällt der Preis eines Gutes, dann steigt entsprechend auch die Nachfrage. Je teurer ein Produkt also wird, desto weniger Menschen sind bereit, den entsprechenden Preis zu bezahlen.

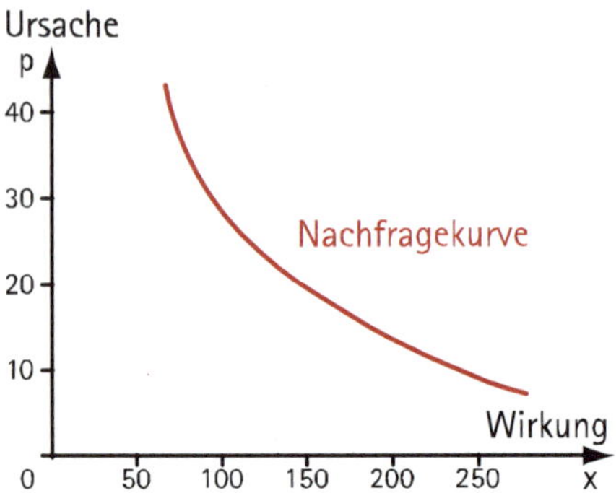

Nachfragekurve in Abhängigkeit vom Preis

p bezeichnet z. B. die Höhe eines Preises für ein bestimmtes Gut, x die nachgefragte Menge dieses Gutes.

Die normale Nachfragefunktion kann durch abweichendes Verbraucherverhalten umschlagen – man spricht dann von anormalem Nachfrageverhalten. So kann die Nachfrage steigen, wenn der Preis des Gutes steigt.

Beispiel: Anormales Nachfrageverhalten

Steigende Nachfrage bei steigenden Preisen geschieht z. B. dann, wenn sich die Käufer von der breiten Masse distanzieren möchten (Snob-Effekt) oder wenn der Käufer meint, dass teurere Preise eine höhere Qualität des Produktes voraussetzen. Zu finden ist dieses Verhalten z. B. auf dem Markt von Luxusgütern wie bestimmten Uhren oder Autos oder im Lebensmittelbereich bei Bio-Produkten.

Abhängigkeit vom Preis anderer Güter

Die Abhängigkeit vom Preis der anderen Güter wirkt sich ebenfalls auf das Nachfrageverhalten aus. Dabei können sich die Güter entweder gegenseitig ersetzen und verdrängen (substitutive Güter) oder einander bedingen (komplementäre Güter). Unabhängige Güter nennt man die Güter, die in keinerlei Beziehung zueinander stehen.

Beispiel: Abhängigkeiten von Güterpreisen

Substitutive Güter: Steigt der Preis für eine bestimmte Sorte Schokoladenpudding, kann der Käufer immer noch auf den eines anderen Unternehmens ausweichen.

Komplementäre Güter: Steigt der Preis für DVD-Player, kann sich die Nachfrage nach DVDs ändern. Ähnlich kann sich ein Anstieg des Benzinpreises auf die Nachfrage nach Autos auswirken.

Unabhängige Güter: Die Preise von voneinander unabhängigen Gütern haben keinerlei gegenseitige Wirkung, wie z. B. die Entwicklung der Preise für Pudding und DVD-Player zueinander.

Abhängigkeit vom Einkommen des Käufers

Die Nachfrage kann sich ändern, wenn Einkommenszuwächse teilweise für den Konsum ausgegeben werden und nicht vollständig gespart werden. In der Regel ändert sich die Nachfrage nach Luxusgütern stärker, die Nachfrage nach Gütern des täglichen Gebrauchs wie Lebensmittel geringer.

Das Angebot

Auf der anderen Seite des Marktes stehen die Anbieter von Gütern. Z. B. bieten Unternehmen Produkte oder Dienstleistungen an oder Haushalte ihre Arbeitskraft. Ein Angebot wird erst wirksam, wenn der Anbieter seinen Willen erklärt, diese Güter und Dienstleistungen abzugeben. Auch die Angebotsmenge wird von verschiedenen Bestimmungsgrößen beeinflusst. Dazu gehören:

- der erzielbare Preis des Gutes,
- der Preis anderer konkurrierender Güter,
- die Kosten, die bei der Produktion bzw. Bereitstellung des Gutes anfallen,
- die Gewinnerwartung und
- der technische Fortschritt.

Für die Analyse des Angebots lassen sich mit Hilfe der Bestimmungsfaktoren wiederum drei spezielle Angebotsfunktionen festhalten, nämlich das Angebot in Abhängigkeit

- vom Preis des Gutes,
- von den Preisen konkurrierender Güter,
- von den Kosten, die bei der Produktion bzw. Bereitstellung des Gutes anfallen.

Abhängigkeit vom Preis

Das Gesetz des Angebots besagt, dass das Angebot eines Gutes dann steigt, wenn dessen Preis steigt. Sinkt der Preis eines Gutes, sind auch weniger Anbieter bereit, das Gut anzubieten. Generell stellt sich die Angebotsfunktion wie in der Abbildung auf der nächsten Seite dar.

Auch auf der Seite der Anbieter gibt es ein abweichendes – anormales – Verhalten, nämlich dann, wenn die Preise fallen, die Angebotmenge aber dennoch erhöht wird. Dies trifft z. B. auf verderbliche Produkte, wie Obst und Gemüse, zu.

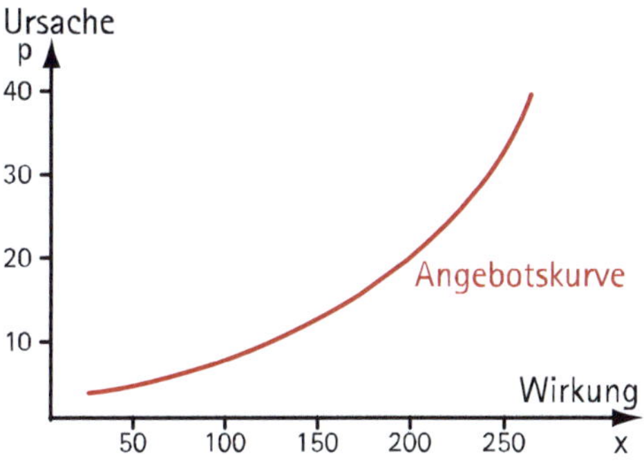

Angebotskurve in Abhängigkeit vom Preis

p bezeichnet z. B. die Höhe eines Preises für ein bestimmtes Gut; x die angebotene Menge dieses Gutes.

Abhängigkeit von konkurrierenden Gütern

Die Menge eines Gutes, das zu einem bestimmten Preis angeboten wird, ist auch vom Preis der konkurrierenden Güter abhängig. Bietet ein anderes Unternehmen ein vergleichbares Produkt zu einem geringeren Preis an, wird sich der Käufer in der Regel für dieses Produkt entscheiden, sofern ihn keine anderen Faktoren, wie Markenbewusstsein, beeinflussen. Der erstgenannte Anbieter wird sich beim Preis für sein Gut also an den Preisen der konkurrierenden Güter orientieren. Je mehr konkurrierende Güter angeboten werden, desto stärker sinkt der Preis.

Abhängigkeit von den Kosten

Für jedes Gut und jede Dienstleistung fallen den Unternehmen Kosten an, die sich im Preis niederschlagen müssen. Sind diese Kosten sehr hoch, wird auch das Produkt teurer. Also sind die Unternehmen bemüht, diese Kosten niedrig zu halten. Fixe Kosten fallen dabei unabhängig von der Produktionsmenge immer in gleicher Höhe an. Wird also mehr produziert, verteilen sich diese Kosten auf mehr Güter. Demzufolge werden die Kosten pro Stück geringer. Bei den variablen Kosten hingegen bleiben die Kosten pro Stück in etwa gleich, denn bei höheren Produktionsmengen steigen z. B. auch die Materialmengen.

Beispiel: Kostenarten

Bei fixen Kosten handelt es sich um Mieten, Löhne, Gehälter, die Betriebsbereitschaft, Kosten für Maschinen etc. Variable Kosten sind z. B. Kosten für Materialien.

Elastizitäten

Am wichtigsten im Zusammenspiel von Angebot und Nachfrage ist die Frage, wie sich Preisänderungen auf Angebot und Nachfrage auswirken. Zur Erklärung dieses Zusammenhangs wird die Preiselastizität herangezogen, die sich aus folgender Fragestellung ableitet. Um wie viel Prozent ändert sich die (angebotene oder nachgefragte) Menge eines Gutes, wenn sich der Preis um eine bestimmte Prozentzahl ändert?

$$\text{Preiselastizität} = \frac{\text{prozentuale Änderung der Menge}}{\text{prozentuale Änderung des Preises}}$$

Liegt die Preiselastizität über 1, spricht man von einer elastischen Nachfrage bzw. einem elastischen Angebot. D. h. auch eine sehr geringe Preisänderung hat große Auswirkungen auf die nachgefragte bzw. angebotene Menge. Angebot und Nachfrage sind in diesem Fall also elastisch.

Beispiel: Elastizität bei Angebot und Nachfrage

Muss ein Unternehmen aufgrund gestiegener Kosten die Preise für seine Produkte, z. B. Tische, erhöhen, kann dies zu erheblichen Nachfragerückgängen nach diesen Tischen führen. Gleichzeitig kann aber bereits eine kleine Verteuerung der Preise das Unternehmen dazu veranlassen, die Produktion der Tische zu verringern, da es den Rückgang der Nachfrage voraussetzt.

Wie Preise gebildet werden

Der Preis ist der für ein Gut oder eine Dienstleistung bezahlte Geldbetrag. Auf dem Markt wollen Anbieter möglichst viel verdienen, während die Nachfrager in der Regel möglichst wenig Geld ausgeben wollen. Der Preis der jeweiligen Güter und Dienstleistungen sorgt für den Ausgleich zwischen den verschiedenen Grundinteressen.

Die wichtigste Preisart ist der Kauf- oder Warenpreis, der durch den Kauf und Verkauf von Gütern und Dienstleistungen gebildet wird. Weitere Preisarten sind der Lohn, also der Preis für die zur Verfügung gestellte Arbeitskraft, und der Zins, also der Preis für das zur Verfügung gestellte Kapital.

Der Preis besitzt in der Volkswirtschaftslehre eine zentrale Bedeutung. Er hat die Aufgabe, die Käufer über den Handelswert des jeweiligen Gutes oder der Dienstleistung zu informieren und verdeutlicht gleichzeitig dessen Knappheitsgrad. Er sorgt für den Ausgleich zwischen Angebot und Nachfrage und lenkt die Produktionsfaktoren stets an die stärkste Nachfragestelle. Der Prozess der Preisbildung ist sehr komplex und von verschiedenen Einflussfaktoren abhängig. Zu diesen Faktoren zählen u. a. die Einkommenshöhe der

Nachfrager, die politischen Gegebenheiten und natürlich die Konkurrenz.

Die Preisbildung am Markt

Die VWL nimmt als theoretisches Denkmodell den vollkommenen Markt an, um die Preisbildung einfacher darstellen zu können. Dazu werden verschiedene theoretische Grundannahmen festgelegt, die man in dieser Reinheit natürlich nicht in der Realität findet, die aber eine grundlegende Simulation der komplexen Dynamik des Marktes ermöglichen:

- Die Güter eines Marktes sind alle gleich. Bei der Farbe, der Größe etc. gibt es keinerlei Unterschiede.
- Jeder Marktteilnehmer kennt alle Marktvorgänge.
- Anbieter und Nachfrager treten gleichzeitig am Markt auf und entscheiden aufgrund objektiver Sachverhalte.
- Anbieter und Nachfrager reagieren zeitgleich auf Veränderungen am Markt.

Wird eine der genannten Grundannahmen nicht erfüllt, spricht man von einem unvollkommenen Markt (und dieser ist in der Realität die Regel).

Der Preismechanismus im vollkommenen Markt

Angebot und Nachfrage bestimmen gemeinsam den Preis. Die Betrachtung der Angebots- und der Nachfragefunktion in Abhängigkeit des Preises gibt Aufschluss über den Preis, bei dem die Unternehmen den höchstmöglichen Umsatz erhalten. Wenn beide Funktionen übereinander gelegt werden, ergeben sie einen Schnittpunkt. Dieser Punkt entspricht dem sogenannten Gleichgewichtspreis, also dem Preis, bei dem der höchstmögliche Umsatz erzielt werden kann.

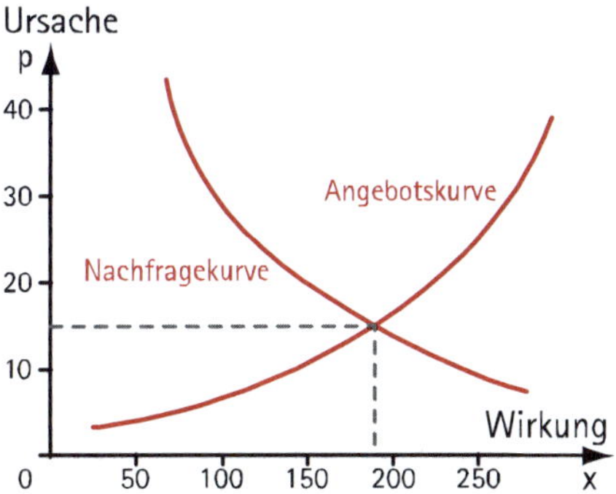

Der Gleichgewichtspreis

Beispiel: Angebots- und Nachfrageüberhang

Liegt der Preis für einen Tisch über dem Gleichgewichtspreis, verringert sich seine Nachfrage danach. Es kommt zu einem Angebotsüberhang, da für den höheren Preis mehr Tische hergestellt werden können. Die Nachfrager, also die Käufer, können sich zwischen den erhöhten Angeboten entscheiden. Bei dieser günstigeren Position gegenüber dem Verkäufer spricht man von einem Käufermarkt. Liegt der Preis unter dem Gleichgewichtspreis, steigt zumeist die Nachfrage. Gleichzeitig verringert sich das Angebot, da Unternehmen aufgrund der Kosten nicht beliebig den Preis senken können und entsprechend ihr Angebot verringern. Es kommt zu einem Nachfrageüberhang, man spricht von einem Verkäufermarkt.

Der Gleichgewichtspreis wird erreicht, wenn sich die Situation auf dem Markt reguliert. Sowohl beim Käufer-, als auch beim Verkäufermarkt treten in absehbarer Zeit Konkurrenten auf, die so lange für Preisbewegungen sorgen, bis der Gleichgewichtspreis erreicht wird.

> Den Prozess, welcher durch die zu treffenden Entscheidungen der Marktteilnehmer Angebot und Nachfrage immer in die Richtung des Gleichgewichtspreises leitet, nennt man Preismechanismus.

Gleichgewicht des Marktes

Mit der Erreichung des Gleichgewichtspreises und der Gleichgewichtsmenge ist das Gleichgewicht des Marktes erreicht. Die angebotene und die nachgefragte Menge stimmen überein, die Konkurrenz entfällt und beide Seiten haben optimale Bedingungen. Aufgrund sich ständig ändernder Gegebenheiten, wie Einkommen, Mode-Erscheinungen, neue Technologien etc., werden das Marktgleichgewicht und damit der Gleichgewichtspreis jedoch nur selten erreicht. Für einen funktionierenden Wettbewerb ist dies auch nicht notwendig.

Die politische Preisbildung

In bestimmten Fällen kann es sinnvoll erscheinen, dass der Staat korrigierend in den Preismechanismus eingreift. Ziel dabei ist es, entweder den Nachfrager oder den Anbieter besser zu stellen, als dies bei einem frei beweglichen Marktpreis der Fall wäre. Zu den direkten Eingriffen des Staates zählen festgesetzte Höchstpreise zum Schutz des Nachfragers oder festgesetzte Mindestpreise zum Schutz des Anbieters. Zu den indirekten Eingriffen des Staates zählen Preismaßnahmen, wie Einfuhrzölle, Transferzahlungen und Exportprämien, und Mengenmaßnahmen, wie Vorratshaltung und Einfuhrverbote.

Beispiel: Höchst- und Mindestpreise

Für die Festsetzung von Mindestpreisen sind etwa Milch- und Getreidepreise auf dem Agrarmarkt oder die Festsetzung von Mindestlöhnen zu nennen; als Beispiel für die Festsetzung von Höchstpreisen die staatliche Mietpreisbindung.

Wettbewerb und Marktformen

Ein funktionierender Wettbewerb gilt als die Voraussetzung für eine optimale Versorgung mit Gütern und Dienstleistungen und damit für eine marktwirtschaftliche Ordnung. Der Prozess des Wettbewerbs entsteht, wenn auf dem Markt mehrere Anbieter vergleichbare Güter und Dienstleistungen anbieten.

Aufgaben des Wettbewerbs

Eng verbunden mit dem Wettbewerb ist die Konkurrenz, in der sich jeder bemühen muss, besser als die anderen Marktteilnehmer zu agieren. Dies ist die Voraussetzung für ein erfolgreiches Bestehen am Markt. Möglichkeiten, über die sich die Anbieter Wettbewerbsvorteile verschaffen können, sind: die Preisfestsetzung, die Qualität, der Service, das Sortiment, die Liefer- und Zahlungsbedingungen, die Bewerbung des Gutes oder der Dienstleistung und der Zeitpunkt der Produkteinführung.

Dem Wettbewerb fallen insbesondere zwei Aufgaben zu: Einerseits regelt er die Preise, andererseits beeinflusst er die Qualität der Güter und Dienstleistungen.

Beispiel: Aufgaben des Wettbewerbs

Wenn es am Markt für ein bestimmtes Produkt, das viele Nachfrager hat, nur einen Hersteller gibt, könnte der Anbieter nahezu jeden Preis für dieses Produkt verlangen. Ein gutes Beispiel ist hier die Einführung neuer Technologien. So waren LCD-Fernseher zu Beginn der Einführung am Markt sehr teuer, da es u. a. noch keine Konkurrenzprodukte gab. Mit der Zeit traten aber viele Anbieter am Markt auf und konkurrierten untereinander um die Nachfrager. Entsprechend wurde der Prozess des Preismechanismus aktiviert und der Preis von LCD-Fernsehren nähert sich mittlerweile dem Gleichgewichtspreis. Da der Preis aber nicht das einzige Kriterium ist, nach dem die Nachfrager schauen, sondern auch die Qualität einen hohen Stellenwert einnimmt, achten die Anbieter von LCD-Fernsehern entsprechend auf die Qualität, wodurch der Preis wiederum – durch die damit beim Anbieter verbundenen Kosten – nicht beliebig gestaltbar ist.

Marktformen

Im Zusammenhang mit den Preisbildungsvorgängen können Märkte auf die Marktmodelle reduziert werden, die in der Tabelle auf der nächsten Seite dargestellt sind. Klassifizierungsmerkmal sind die Anzahl der Anbieter und der Nachfrager. Diese Marktformen sind idealtypisch. In der Praxis sind die Abgrenzungen der Marktformen fließend und können sich zudem durch ständige Bewegung auf dem Markt verändern.

	Ein Anbieter	Wenige Anbieter	Viele Anbieter
Ein Nachfrager	Zweiseitiges Monopol	Beschränktes Nachfrage-monopol	Nachfrage-monopol
Wenige Nachfrager	Beschränktes Angebots-monopol	Zweiseitiges Oligopol	Nachfrage-oligopol
Viele Nachfrager	Angebots-monopol	Angebots-oligopol	Polypol (vollständige Konkurrenz)

Monopol

Der Monopolist (egal, ob Anbieter oder Nachfrager) hat prinzipiell die Macht, den Preis zu bestimmen. Jedoch muss er darauf achten, dass er innerhalb der Toleranzgrenzen seines Gegenübers bleibt.

Beispiel: Monopolistische Preisbildung

Ein Unternehmen stellt als einziges eine laktosefreie Schokolade her. Da es sehr viele Menschen mit Laktoseunverträglichkeit gibt, wird diese Schokolade entsprechend nachgefragt. Verlangt das Unternehmen 5 EUR für eine Schokoladentafel, so kann dies dazu führen, dass die Nachfrager auf andere laktosefreie Süßwaren umsteigen. Gleiches gilt für ein Nachfragemonopol. Drückt der einzige Nachfrager den Preis zu sehr, kann es sein, dass die Unternehmen das Produkt nicht mehr herstellen, da die Kosten für dessen Produktion nicht mehr gedeckt werden. Beispiele für Angebotsmonopole in Deutschland waren lange Zeit die Energieversorger und die Deutsche Telekom.

Polypol

Bei der Marktform Polypol, also der vollkommenen Konkurrenz, haben die Anbieter keine Möglichkeit, den Preis selbst zu bestimmen. Würde der Preis zu hoch anlegt, führte dies zur Abwanderung der Kunden. Ist der Preis zu niedrig, würde die Nachfrage steigen, die Produktionskapazitäten wären aber schnell erschöpft. Diese Form gibt es in der Praxis nicht, denn die vollkommene Konkurrenz beruht auf dem Modell des vollkommenen Marktes.

Oligopol

Die Marktform Oligopol beinhaltet wenige Anbieter bzw. wenige Nachfrager. Entsprechend ist der Markt überschaubar und die Einflussnahme auf den Preis und die Mengen in gewissem Rahmen gut möglich. Insbesondere beim Angebotsoligopol (wenige Anbieter) haben die Nachfrager die Möglichkeit des Vergleichs zwischen den Anbietern. Entsprechend ist es für diese notwendig, neben dem Preis und der Menge auch die Konkurrenten zu kennen und die eigenen Vorteile, z. B. über Werbung, hervorzuheben. Hier steht also der Wettbewerb im Vordergrund. Beispiele für Angbotsoligopole sind der deutsche Strommarkt, der Benzinmarkt (mit den Mineralölkonzernen und Tankstellen als Anbieter) und der Mobilfunkmarkt.

Freier Wettbewerb

Ziel einer Marktwirtschaft ist es, einen intensiven Wettbewerb zu erhalten und damit den Wohlstand zu sichern. Der Nachteil für Unternehmen dabei ist, dass sie gezwungen sind, den Markt ständig zu überwachen und schnell auf Veränderungen zu reagieren, um ihre Marktposition zu erhalten. Dies ist nicht einfach und auch der Erfolg der Maßnahmen ist nicht gesichert. Im freien Wettbewerb versuchen die anbietenden Unternehmen, möglichst hohe Marktanteile zu gewinnen, sei es über den Preis, über Qualität, Vertriebsstrukturen oder Werbung. Für kurze Zeit ist es dabei möglich, die Preise sehr niedrig, ohne Gewinne und z. T. auch nicht kostendeckend anzubieten, um die Nachfrager für sich zu interessieren – ein Vorgehen, das für Unternehmen auf lange Sicht aber ruinös ist.

Wettbewerbsbeschränkungen

Aus den oben genannten Gründen versuchen Unternehmen, die Bedingungen des freien Wettbewerbs in Form von Wettbewerbsbeschränkungen zu umgehen. Diese entstehen vor allem durch die Verringerung der Marktteilnehmer. Wettbewerbsbeschränkungen können als Absprachen, abgestimmtes Verhalten, Parallelverhalten, Fusionen, Behinderungswettbewerb und in Form von marktbeherrschenden Unternehmen auftreten. Sie nehmen prinzipiell zwei Formen an:

- Unternehmen können gemeinsam versuchen, ihren Gewinn zu maximieren, z. B. durch Absprachen. Hier spricht man von Kollektivmonopolen.
- Unternehmen können versuchen, die schwächeren Konkurrenten vom Markt zu drängen, z. B. durch Behinderungen.

Um Mengenrabatte bei Einkäufen zu erhalten oder um Verwaltungs-, Miet- und Transportkosten zu sparen, nutzen manche Unternehmen die Möglichkeit, sich zusammenzuschließen. Unternehmenszusammenschlüsse bzw. -konzentrationen gibt es auf unterschiedlichen Ebenen, von losen

Zusammenschlüssen über enge vertragliche Bindungen. Dazu gehören die Arbeitsgemeinschaft, das Kartell, das Syndikat, die Interessengemeinschaft, der Konzern und der Trust.

Gegenmaßnahmen des Staates

Mit Hilfe der Wettbewerbspolitik versucht der Staat, gegen Tendenzen der Wettbewerbsbeschränkung zu steuern und einen intensiven Wettbewerb zu erhalten. Zu den Gegenmaßnahmen zählen das Kartellverbot (insbesondere die Preis-, Quoten-, Gebiets- und Submissionskartelle), das Verbot des abgestimmten Verhaltens, die Missbrauchsaufsicht und die Fusionskontrolle.

Auf einen Blick: Wie Märkte funktionieren

- Steigt der Preis eines Gutes, sinkt die Nachfrage danach. Sinkt der Preis eines Gutes, steigt die Nachfrage danach.
- Steigt der Preis eines Gutes, steigt dessen Angebot. Sinkt der Preis eine Gutes, sinkt dessen Angebot.
- Das Zusammenspiel von Angebot und Nachfrage reguliert den Preis.
- Der Wettbewerb regelt die Preise und beeinflusst die Qualität von Gütern und Dienstleistungen.
- Die Marktformen Monopol, Polypol und Oligopol unterscheiden sich hinsichtlich der Anzahl der Anbieter und Nachfrager und damit v. a. hinsichtlich der Preisbildung.
- Eines der Ziele einer Marktwirtschaft ist es, intensiven Wettbewerb zu sichern.

Geld und Geldmarkt

Das Geld bestimmt in allen Volkswirtschaften den Alltag. Sämtlicher Austausch von Produktionsfaktoren und von Gütern und Dienstleistungen vollzieht sich über das Geld. Entsprechend verflochten sind die geldwirtschaftlichen Beziehungen.

In diesem Kapitel lesen Sie,

- welche Bedeutung das Geld hat (S. 51),
- welche Rolle die Banken spielen (S. 54),
- wie sich Geldmenge, Preisniveau und Inflation auf die Volkswirtschaft auswirken (S. 56) und
- was der Preisindex für die Lebenshaltung misst (S. 60).

Entstehung, Funktionen und Arten des Geldes

Geld ist ein allgemeines Tauschmittel, das den Tausch von Gütern und Dienstleistungen erleichtern soll. Deshalb muss es allgemein anerkannt, teilbar, transportierbar, aufbewahrbar und fälschungssicher sein.

Kurzer Abriss der Entstehung

Zu Zeiten der vollständigen Selbstversorgung gab es für unsere Vorfahren kein Geld. Es war auch nicht notwendig, da sich jeder selbst das beschaffte, was er zum Leben benötigte. Auch mit dem Beginn der menschlichen Arbeitsteilung reichte der Austausch von „Gütern und Dienstleistungen" zunächst noch aus, um die Versorgung zu gewährleisten. Mit zunehmender Arbeitsteilung nahm die Vielfalt an Tauschgegenständen zu. Jedoch warf dies die Frage auf, wie man diese untereinander vergleichen und verteilen sollte. Entsprechend entwickelte sich die Bezahlung durch Geld. Dabei waren die Zahlungsmittel zunächst alle Gegenstände, die sich allgemeiner Beliebtheit erfreuten, unverderblich und leicht transportabel waren. Dazu gehörten u. a. Gold, Muscheln, Bernstein, Bronze, Kupfer etc.

Um sich gegen Betrügereien und Streitigkeiten über das Maß und die Zusammensetzung zu schützen, wurde insbesondere das Gold in gewichtsgleiche Klumpen geteilt und mit dem Siegel des jeweiligen Herrschers versehen. Ein Vorläufer der heutigen Münzform entstand. Hier trat erneut jedoch das

Problem auf, dass die Münzen sehr schwer waren und in großen Mengen zu unhandlich wurden. Deshalb entwickelte sich die Möglichkeit, die Münzen zu einer Hinterlegungsstelle, in der Regel vertrauenswürdigen Handelshäusern, zu bringen. Über die hinterlegte Münzenmenge wurde eine Quittung, eine sogenannte „nota" ausgestellt. Aus den Hinterlegungsstellen wurden später die Banken, aus den Quittungen die Banknoten. Aus der Vielzahl der Banken und der Fülle der von ihnen herausgegebenen Quittungen enstand eine vom Staat autorisierte Banknotenausgabestelle: die Zentralbank (s. S. 54).

Gegen Gebühren boten die Banken an, die umständliche und durch Diebstähle gefährdete Barzahlung ganz einzustellen. Den Nutzern wurden Konten zur Verfügung stellt, mit deren Hilfe sie über Umbuchungen auf andere Konten auf Bargeld ganz verzichten konnten. Durch moderne Technologie wurde und wird dies weiter perfektioniert. Auch wenn das Bargeld in absehbarer Zeit nicht verschwinden wird, so ersetzt der elektronische Zahlungsverkehr bereits einen großen Teil der Barzahlungen.

Die Funktionen des Geldes

Aus der geschichtlichen Entwicklung leiten sich die Funktionen ab, die das Geld übernimmt: Vergleichs-, Tausch-, Übertragungs-, Spar- und Speicherfunktion. Fasst man diese zusammen, heißt dies: Geld fungiert als gesetzliches Tausch- und Zahlungsmittels, als Wertmesser und Recheneinheit, als Wertaufbewahrungsmittel und als Kreditmittel.

Beispiel: Funktionen des Geldes

Vergleichsfunktion: Geld gestattet den Vergleich zwischen Gütern: Wie viel ist ein Tisch gegenüber einem Brot wert? Wie viel ist ein Brot aus der Kaufhalle gegenüber dem Brot vom Bäcker wert? Alles, auch Eigentum, wird damit als Geldwert messbar.
Tauschfunktion: Getauscht wird Geld für Güter und Dienstleistungen.
Übertragungsfunktion: Wenn jemand etwas vererbt oder verschenkt, wird das Geld übertragen, er bekommt also rein wirtschaftlich keinen Gegenwert dafür.
Sparfunktion: Geld wird für den Urlaub oder ein Auto zurückgelegt.
Speicherfunktion: Auch Jahre später, sei die Inflation an dieser Stelle außer Acht gelassen, gibt es das Geld noch in etwa gleicher Höhe, es wird also gespeichert.

Arten von Geld

Generell lässt sich zwischen Münz-, Papier-, Buchgeld und Geldersatzmitteln unterscheiden.

- Zum Bargeld zählen das Münz- und das Papiergeld. Das Münzgeld unterscheidet sich nach Kurantmünzen, die dem tatsächlichen Metallwert entsprechen, und nach Scheidemünzen, deren Metallwert nicht dem Nennwert entspricht. Das Papiergeld, die Banknoten, sind stoffwertloses Geld.
- Das Buchgeld, auch Giralgeld genannt, ist das sogenannte Sichtguthaben bei Banken. Dieses Geld existiert also nur noch in den Aufzeichnungen der Banken, nicht mehr als Bargeld. Geldbewegungen erfolgen über Schecks, Überweisungen und Zahlungsanweisungen, in der Regel über EC-, Geld- und Kreditkarten.

- Zu den Geldersatzmitteln oder auch Geldsurrogaten gehören die sich im Umlauf befindlichen Schecks und Wechsel, die aber mit dem Ausbau des „Computergeldes", wie das Buchgeld auch genannt wird, zunehmend an Bedeutung verlieren.

Das Währungssystem

Die Herstellung von Geld liegt in den Händen des Staates. Man spricht auch vom Währungssystem eines Staates. Die meisten Staaten haben ihre eigene Währung, wie Dollar oder Yen. Eine Ausnahme bildet dabei die Einführung der Europäischen Währung (EUR). Hier wurde dieses Privileg der Mitgliedstaaten der EU auf die Europäische Zentralbank (EZB) übertragen. Lediglich das Münzrecht bedarf der Abstimmung mit den nationalen Regierungen in Berlin, Madrid, Paris und Rom. Die europäischen Münzen selbst werden aber in den jeweiligen Ländern geprägt. Man unterscheidet gebundene und freie Währungen:

- Gebundene Währungen erhält man, indem die umlaufende Geldmenge von einem wertvollen und knappen Gut, z. B. Gold, abhängig gemacht wird. Das heißt, es darf nur so viel Geld in Umlauf gebracht werden, wie dem Staat in Form von Gold zur Verfügung steht, bzw. es darf nur ein gewisses Verhältnis zwischen Gold und Geldmenge bestehen. Aufgrund der vielfältigen internationalen Verflechtungen ist dieses Verfahren heute aber nicht mehr gebräuchlich.

- Freie Währungen sind Währungen, bei denen diese Deckungsvorschriften nicht festgelegt wurden. In diesem Fall – und so ist es in Deutschland – wird die Geldmenge durch eine Zentralbank entsprechend den wirtschafts- und konjunkturpolitischen Erfordernissen reguliert, mit dem Ziel, die Preisniveaustabilität zu sichern (s. dazu auch S. 101). Bei freien Währungen besteht die Gefahr der Inflation, wenn die Geldmenge zu hoch wird.

Geldmenge, Geldschöpfung und Geldwert

Geldangebot und -nachfrage

Auch auf dem Geldmarkt gibt es Anbieter und Nachfrager. Das Geldangebot wird von den Banken (Zentralbanken und Geschäftsbanken) zur Verfügung gestellt. Alle Geldarten werden als Forderungen gegen Banken angesehen. Geldnachfrage besteht durch die Haushalte und Unternehmen sowie durch den Staat, die einen Teil ihres Vermögens in Geld anlegen, statt dies durch Käufe wieder dem Markt zuzuführen, bzw. Kredite für Investitionen und Konsum aufnehmen.

Das System der Zentralbanken

Die Banken nehmen auf dem Geldmarkt eine herausragende Stellung ein. Für jede Volkswirtschaft gibt es in der Regel eine Zentralbank, die u. a. für die Ausgabe der Banknoten und Münzen verantwortlich ist. Im Rahmen der EU wurde das Europäische System der Zentralbanken (ESZB) geschaffen. Es agiert unabhängig von den einzelnen nationalen Regierungen und hat als vorrangiges Ziel die Sicherung der Preisniveaustabilität innerhalb der EU. Das ESZB besteht aus der Europäischen Zentralbank (EZB) und den nationalen Zentralbanken der einzelnen Länder, wie der Deutschen Bundesbank.

Die Europäische Zentralbank

Die EZB ist die Trägerin der Geldpolitik und übernimmt folgende Funktionen:

- Als Notenbank hält sie das Notenausgabemonopol, sorgt für die Knappheit der umlaufenden Geldmenge und die Festlegung der geldpolitischen Richtlinien.
- Als Bank der Banken versorgt sie das gesamte Bankensystem mit Geld und steuert die Geldmengen (ausführlicher zu dieser Funktion, s. S. 113). Sie legt die Leitzinssätze fest und übernimmt die Bankdienstleistungen für den Zahlungsverkehr zwischen den EU-Staaten.
- Als Bank des Staates wirkt sie bei der Kreditaufnahme der nationalen Regierungen mit, sorgt für die Münzabgabe und die Verteilung ihres erwirtschafteten Gewinns an die Mitgliedstaaten der EU.
- Als Währungsbank hält und verwaltet sie die Währungsreserven aller Mitgliedstaaten.

Die nationalen Zentralbanken

Die nationalen Zentralbanken (NZBen) handeln nach den von der EZB vorgegebenen Leitlinien. Sie unterstützen diese insbesondere bei der praktischen Durchführung der Aufgaben. Es ist eine Besonderheit im europäischen Raum, dass die nationalen Zentralbanken einem anderen Organ unterstellt sind. Bei allen Ländern, die nicht zur EU gehören, übernehmen die nationalen Zentralbanken die Aufgaben der EZB.

Die privaten Geschäftsbanken

Neben dem ESZB gibt es viele private Geschäftsbanken bzw. Kreditinstitute. Die Dienstleistungen dieser Banken umfassen die Abwicklung des Zahlungsverkehrs, die Gewährung von Krediten und die Geldanlagemöglichkeiten.

Beispiel: Private Geschäftsbanken

Zu den deutschen Kreditinstituten gehören die Deutsche Bank, die Dresdner Bank usw., ebenso öffentlich-rechtliche Institute, wie die Sparkassen, die genossenschaftlichen Institute, wie die Volksbanken, und die Spezialinstitute, wie die Bausparkassen.

Die Geldmenge

Bei der Definition des Begriffs „Geldmenge" gibt es verschiedene Abgrenzungen. Das System der ESZB unterscheidet die drei Geldmengen M1, M2 und M3, wobei M1 die engste Definition der Geldmenge ist und M3 die weiteste. Im Folgenden bezeichnet der Begriff „Nichtbanken" alle Privathaushalte sowie staatliche und öffentliche Unternehmen.

M1 Bargeldumlauf und täglich fällige Sichtguthaben (Buchgeld) von Nichtbanken bei den Banken. Die Kassenbestände in den Banken und das Vermögen der Banken bleiben hier unberücksichtigt. Dieser Geldmengenbegriff umfasst nur Gelder der Funktion als Tauschmittel.

M2	M1 + Termin- und Spareinlagen mit einer Laufzeit von bis zu zwei Jahren und Einlagen mit Kündigungsfrist bis zu drei Monaten.
M3	M1 + M2 + weitere marktfähige Instrumente, wie z. B. Geldmarktfondsanteile und Geldmarktpapiere (mit einer Laufzeit von bis zu zwei Jahren). Diese Definition umfasst also auch Gelder der Funktion als Wertaufbewahrungsmittel.

Veränderungen der Geldmenge

Bei der in einem Staat vorhandenen Geldmenge im engsten Sinne handelt es sich aber in der Regel nicht um eine starre Größe. Vielmehr gibt es einen ständigen Wechsel zwischen Geldvernichtung und Geldschöpfung.

Beispiel: Die Veränderung der Geldmenge

Zu Veränderungen der Geldmenge führt nur die aktive Buchgeldschöpfung bzw. -vernichtung, z. B. durch den Verkauf von Vermögensanteilen der Banken oder durch die Bildung von Spar- oder Terminguthaben durch Nichtbanken. Passive Veränderungen, wie das Abheben oder Einzahlen auf ein Girokonto, verändern die Geldmenge nicht.

Die Geldschöpfung

Mittels der Geldschöpfung erhöht sich die Geldmenge im engsten Sinne (im Eurosystem die Geldmenge M1), d. h., den Nichtbanken stehen mehr Zahlungsmittel zur Verfügung. Bei der Geldschöpfung wirken Zentralbank, Geschäftsbanken und Nichtbanken zusammen. Dabei erhöht sich die Menge des Bargeldes zum einen natürlich dann, wenn von der EZB Geldscheine gedruckt und in Umlauf gebracht werden. Die Menge des Buchgeldes erhöht sich z. B. dadurch, dass Geschäftsbanken Vermögensteile von Nichtbanken erwerben, Kredite an die Nichtbanken vergeben, Devisen ankaufen oder dass durch die Bankkunden die Spar- oder Termineinlagen in Sichtguthaben umgewandelt werden. Die wichtigste Form der Erhöhung des Buchgeldes ist die Kreditvergabe.

Beispiel: Geldschöpfung in Form von Kreditvergaben

Ein Bankkunde zahlt 100.000 EUR auf seiner Bank ein. Davon ausgehend, dass in der Regel nicht das komplette Geld innerhalb kürzester Zeit wieder abgehoben wird, muss die Bank nur eine gewisse Bargeldquote vorrätig haben, z. B. 20 Prozent der eingezahlten Menge. Die restlichen 80 Prozent, also 80.000 EUR sind die sogenannte Überschussreserve. In der Regel wird von der Zentralbank zusätzlich eine einzubehaltende Mindestreserve verlangt, z. B. weitere 10 Prozent. Es bleiben also letztendlich 70.000 EUR, welche die Bank als Kredit an einen anderen Bankkunden vergeben kann. Dieser kauft mit den 70.000 EUR eine Eigentumswohnung. Der Immobilienverkäufer überweist den Geldbetrag auf seine Bank. Diese kann damit wiederum Kredite an andere Bankkunden zur Verfügung stellen (abzüglich der Reserven). Ein Kreislauf ist entstanden: Aus dem ursprünglich vom erstgenannten Bankkunden eingezahlten Geldbetrag ist ein Vielfaches geworden, denn er kann ja über die 100.000 EUR bei seiner Bank noch verfügen – genauso wie der der Immobilienverkäufer über seine eingezahlten 70.000 EUR. Die Rolle von Zinsen haben wir bei diesem Beispiel nicht berücksichtigt.

Der Einfluss der Banken

Im Rahmen der Geldmenge und der Geldschöpfung kommt den Banken eine hohe Bedeutung für die wirtschaftspolitischen Einflussmöglichkeiten zu. Das lässt sich beispielhaft an der Vergabe von Krediten zeigen.

Folgen von Kreditvergabe mit anhaltend niedrigen Zinsen:

- Bankkunden nehmen mehr Kredite auf.
- Das Wachstum der Geldmenge steigt.
- Nachfrage nach Gütern und Dienstleistungen steigt.
- Die Preise steigen.
- Die Inflation steigt.

Natürlich sind die Geschäftsbanken bei der Kreditvergabe von vielfältigen Faktoren und Entscheidungen abhängig, die teilweise nicht von ihnen selbst zu beeinflussen sind. Wie sie dabei von der Zentralbank – innerhalb der Europäischen Währungsunion der EZB – abhängig sind, zeigen wir im Kapitel „Internationale Wirtschaftsbeziehungen" (s. S. 113).

Der Geldwert

Bei den Geldwerten unterscheidet man zwischen dem Binnenwert und dem Außenwert des Geldes.

Der Binnenwert des Geldes

Da Geld heute in der Regel als Stoff selbst keinen relevanten Wert besitzt, ergibt sich sein Wert zunächst aus dem aufgedruckten Wert, dem sogenannten Nominalwert. Wie viele Güter man für diesen Wert kaufen kann, hängt von den Preisen für die jeweiligen Güter und Dienstleistungen ab.

> Der Tauschwert des Geldes gegenüber Gütern und Dienstleistungen wird als Kaufkraft, Realkraft bzw. Binnenwert des Geldes bezeichnet.

Beispiel: Kaufkraft

Konnte man z. B. im Jahr 2001 für 4 EUR zwei Brote einer bestimmten Sorte beim Bäcker kaufen, so bekam man im Jahr 2007 für 4 EUR nur noch eineinhalb Brote von dieser Sorte. Der Wert dieser 4 EUR hat sich also verändert. Und dies hängt mit den veränderten Preisen für Brot zusammen: Kostete dieses Brot im Jahr 2001 2 EUR, kostete es im Jahr 2007 2,66 EUR.

Das Beispiel zeigt: Der Preis des Gutes ist gestiegen, der Wert des Geldes – die Kaufkraft – ist gesunken. Gesamtwirtschaftlich betrachtet heißt dies: Das Preisniveau in einer Volkswirtschaft – der Durchschnitt aller Preise zu einem bestimmten Zeitpunkt – verändert sich. Die Kaufkraft und der Preis für die Güter und Dienstleistungen hängen also unmittelbar zusammen. Die Summe aller bei einem Tausch geleisteten Zahlungen entspricht dem Wert der getauschten Güter und Dienstleistungen.

Was der Preisindex für die Lebenshaltung misst

Der Preisindex für die Lebenshaltung dient der Darstellung der Entwicklung des Preisniveaus von Konsumgütern innerhalb eines bestimmten Zeitabschnitts. Da aufgrund der Fülle nicht alle Güter und Dienstleistungen erfasst werden, stellt das Statistische Bundesamt einen konstanten Warenkorb für Deutschland zusammen, der die typischen von privaten Haushalten gekauften Güter und Dienstleistungen enthält. Diese werden nach ihrer Bedeutung gewichtet (Wägungsschema) und bei Bedarf aktualisiert. Auf der Grundlage eines festgelegten Basisjahres und ausgewählter Indexfamilien, die beobachtet werden, ist es so möglich, die durchschnittlichen Preisänderungen der Güter des täglichen Lebens zu erfassen.

Insbesondere für die privaten Haushalte ist es von Bedeutung, welchen Lebensstandard sie sich mit dem von ihnen erwirtschafteten Einkommen leisten können. So können z. B. Spekulationen über eine Verdoppelung der Preise für Güter und Dienstleistungen mit der Einführung der Währungseinheit EUR mit Hilfe des Preisindex auf ihren Wahrheitsgehalt geprüft werden. Gleichzeitig dient er als wichtiger Zuträger für die Wirtschaftspolitik, insbesondere für die Geld- und Sozialpolitik, als Anhaltspunkt für die Tarifverhandlungen und als Wertsicherungsklausel in Verträgen über langfristige Zahlungen. Bei aller Kritik – z. B. an den Festlegungen des Warenkorbs, der Repräsentativität der Indexfamilien und der Beschränkung auf Güter des täglichen Bedarfs und daraus resultierenden Messfehlern – hat sich der Preisindex für die Lebenshaltung als brauchbares Instrument zur Messung der Kaufkraft herausgebildet.

> Die Preisindexzahlen messen das Preisniveau, also den durchschnittlichen Stand bestimmter Preise (der Güter aus dem „Warenkorb") zum gemessenen Zeitpunkt. Steigt das Preisniveau, sinkt die Kaufkraft. Fällt das Preisniveau, steigt die Kaufkraft.

Zusammenhang von Preisniveau und Kaufkraft

Beispiel: Preisniveau und Kaufkraft

Ausgehend von der Basis, dass in einem bestimmten Jahr ein Tisch durchschnittlich 400 EUR gekostet hat, können z. B. 100 Menschen diesen Tisch kaufen. Steigt der Preis der Tische im Lauf der Jahre auf 500 EUR pro Tisch, können sich bei gleich bleibenden Einkommen nur noch 80 Menschen diesen Tisch leisten. Entsprechend geht die Kaufkraft zurück. Sinkt das Preisniveau dagegen, kostet der Tisch also z. B. durchschnittlich

300 EUR, können ihn vielleicht 120 Menschen kaufen. Die Kaufkraft ist gestiegen.

An diesem Beispiel wird auch deutlich, wie sich Kaufkraft und Preisniveau auf das Verhalten der Nachfrager auswirken. Je niedriger der Preis für ein bestimmtes Gut ist, desto mehr Menschen können sich dieses mit ihrem Einkommen kaufen.

Veränderungen der Kaufkraft lassen sich folgendermaßen errechnen:

$$\text{Kaufkraft} = \frac{1}{\text{Preisniveau}}$$

Beispiel: Veränderung der Kaufkraft

Die Veränderung der Kaufkraft wird in Prozent angegeben. Im Beispiel des Tisches verändert sich die Kaufkraft bei der Erhöhung der Preisniveaus von 100 Prozent (1,00) im Basisjahr auf 125 Prozent (1,25) im Berichtsjahr auf 1/1,25 = 0,80. Gemessen zum Basisjahr liegt die Kaufkraft somit nur noch bei 80 Prozent, sie ist um 20 Prozent gesunken. Fällt das Preisniveau für die Tische dagegen um 100 EUR auf 75 Prozent, steigt die Kaufkraft auf 1/0,75 = 1,33, also um 33 Prozent.

Bei den vorangegangenen Rechnungen wurde das zur Verfügung stehende Einkommen als feste Größe angenommen. Da sich aber mit der Veränderung des Preisindex und der Kaufkraft auch der Wert des Einkommens ändert, findet in den volkswirtschaftlichen Berechnungen auch das Einkommen Berücksichtigung.

Der Außenwert des Geldes

Da jede Volkswirtschaft ihr eigenes Währungssystem hat (Ausnahme sind die Mitgliedstaaten der Europäischen Währungsunion), die weltweiten Volkswirtschaften aber auch monetär eng verknüpft sind, ist es notwendig, eine Möglichkeit des Austausches von Zahlungsmitteln zu schaffen. Man spricht hier von Devisen als Zahlungsmittel in ausländischer Währung in Form von Guthaben bei ausländischen Banken, von ausländischen Schecks und Wechseln oder im weiteren Sinne in Form von ausländischen Banknoten und Münzen (Sorten).

Der Außenwert des Geldes hängt davon ab, wie hoch das Angebot und die Nachfrage nach Devisen bei einer freien Kursbildung liegen. Auf dem Devisenmarkt werden die Devisen oder Sorten gehandelt, in der Regel durch die Banken, die diese kaufen und verkaufen. Devisen werden zu einem bestimmten Wechselkurs angeboten, der das Wertverhältnis zwischen zwei Währungen beschreibt. Der Wechselkurs bestimmt, wie viele ausländische Währungseinheiten man beim Kauf erhält (Mengennotierung) bzw. wie viel man für eine bestimmte Einheit ausländischen Geldes bezahlen muss (Preisnotierung). Der Wechselkurs ist also der Preis einer Währung, ausgedrückt in einer anderen Währung. Generell funktioniert der Devisenmarkt wie jeder andere Markt. Angebot und Nachfrage sorgen für sich ständig ändernde Preise und die vorhandene Konkurrenz sorgt dafür, dass wiederum Ausgleichstendenzen, also ein Gleichgewichtspreis der Devisen angestrebt wird.

> Steigende Nachfrage bzw. sinkendes Angebot an Devisen einer Währung führen zu einem Anstieg des Wechselkurses, sinkende Nachfrage bzw. steigendes Angebot an Devisen führen zu einem Fall des Wechselkurses. Man spricht dann von Aufwertung bzw. Abwertung einer Währung gegenüber einer anderen Währung.

Wechselkursschwankungen

Das Verhalten der Marktakteure an der Devisenbörse wird von zahlreichen Faktoren beeinflusst: Alle Bewegungen ausländischen Geldes können sich auf den Wechselkurs auswirken, z. B. Investitionen von Unternehmen eines Landes in einem anderen Land oder Geldanlagen von Unternehmen, Banken und Kleinanlegern in einem anderen Land. Als Gründe für Wechselkursschwankungen können langfristig u. a. auftreten:

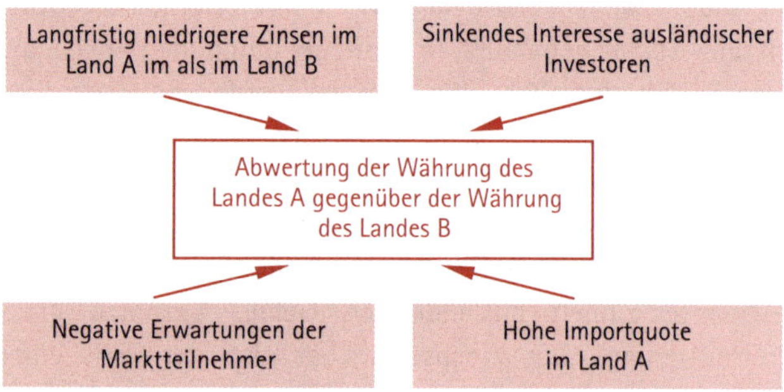

Beispiele für langfristige Ursachen einer Abwertung

- Bei langfristig niedrigeren Zinsen im Land A als im Land B wertet die Währung des Landes A gegenüber der des Landes B ab.
- Sinkendes Interesse ausländischer Investoren an Investitionen im Land A bewirkt die sinkende Nachfrage nach inländischer Währung, es kommt zur Abwertung.
- Private Marktakteure erwarten, dass die Währung des Landes A abwerten wird und verkaufen diese Devisen ver-

stärkt, um ihre Verluste in Grenzen zu halten. Auch andere Erwartungen spielen eine Rolle, z. B. negative Erwartungen bezüglich der Konjunktur des Landes A führen zum Abzug von ausländischen Geldanlagen.

- Ist die Importquote des Landes A langfristig sehr hoch, erhalten die Exporteure des Landes B große Mengen an für sie ausländischer Währung. Verkaufen Sie diese, kann dies zur Abwertung der Währung des Landes A führen.

Beispiel: Wechselkurs EUR / USD

Aufgrund einiger der oben genannten Gründe wertete der USD gegenüber dem EUR innerhalb von 5 Jahren – zwischen 2003 und Anfang 2008 – um rund ein Drittel ab: Betrug der Wechselkurs EUR-USD Anfang 2003: 1 EUR = rund 1 USD, so betrug er Ende Februar 2008: 1 EUR = rund 1,5 USD.

Für die Gesamtwirtschaft eines Landes hat die Entwicklung eines flexiblen Wechselkurses große Bedeutung: Er ist einer der Gradmesser für die Einschätzung des wirtschaftlichen Zustands einer Volkswirtschaft und er hat Auswirkungen auf die gesamtwirtschaftliche Entwicklung.

Deflation und Inflation

So lange sich Preisänderungen in einer Volkswirtschaft die ausgleichen, bleibt das allgemeine Preisniveau stabil. Verändert es sich jedoch, führt dies zu Deflation und Inflation.

> Deflation ist der Prozess eines andauernd sinkenden Preisniveaus, bei dem der Geldwert steigt. Inflation ist der Prozess eines andauernd steigenden Preisniveaus, bei dem der Geldwert sinkt.

Deflation

Deflationen treten auf, wenn das Wachstum der Geldmenge wesentlich geringer ist als das Wachstum des realen Bruttoinlandsprodukts. Da es dann nicht genug Geldmittel gibt, kann weniger nachgefragt werden. Die Folgen sind Produktionsbeschränkungen, Entlassungen von Arbeitskräften und Massenarbeitslosigkeit. Die Bekämpfung dieser Entwicklung ist nur durch die Erhöhung der Geldmenge und der Staatsausgaben sowie die Senkung der Steuereinnahmen möglich, z. B. Ende der 90er Jahre in Japan oder 2001 in Argentinien.

Inflation

Inflation kann nach verschiedenen Kriterien unterschieden werden. Bei der Erkennbarkeit der Inflation gibt es die Formen der offenen Inflation und der versteckten Inflation, bei welcher der Staat eingreift und Festpreise vorschreibt. Insbesondere die letztere begünstigt die Entwicklung von Schwarzmärkten mit höheren Preisen. Das Kriterium der Schnelligkeit der Inflation unterscheidet zwischen schleichender und beschleunigter, auch galoppierender Inflation. Die schleichende Inflation ist ein Phänomen, das in allen westlichen Industrienationen auftritt. Der jährliche Preisanstieg liegt dabei zwischen zwei bis fünf Prozent. Er wird auch als chronische Inflation bezeichnet.

Die Ursachen für die Inflation können sowohl von den Anbietern als auch von den Nachfragern ausgehen. Arten der angebotsbedingten Inflation sind:

- die Kosteninflation (die Preise steigen durch höhere Kosten),
- die Gewinninflation (die Preise steigen durch die Ausnutzung der Marktmacht insbesondere bei Monopolen).

Die nachfragebedingte Inflation entsteht durch den Preisanstieg aufgrund eines Überschusses der Nachfrage über das Güterangebot. Dies ist aber nur möglich, wenn sich die Volkswirtschaft in einem Zustand der Vollbeschäftigung befindet, wobei dieser Zustand derzeit in keinem Land erreicht wird. Arten der nachfragebedingten Inflation sind:

- die Konsuminflation (die Preise steigen durch Nachfragesteigerungen aufgrund z. B. von Lohnerhöhungen),
- die Investitionsinflation (die Preise steigen durch Nachfragesteigerungen im Produktionsgüterbereich aufgrund gewährter Kredite),
- die Fiskalinflation (die Preise steigen durch Nachfragesteigerungen des Staates aufgrund gewährter Kredite),
- die importierte Inflation (die Preise steigen durch eine Güterlücke, die aufgrund Devisenankaufspflicht der Banken bei Exportüberschüssen entsteht).

Gegensteuermaßnahmen

Inflation ist ein Problem mit weitreichenden Folgen für die Volkswirtschaft. Das Geld verliert die Funktionen als Wertaufbewahrungsmittel und Wertmesser. Realeinkommen nehmen ab, die Kaufkraft sinkt. Mögliche Gegenmaßnahmen können die Bindung des Geldes an die vorhandenen Goldvorkommen, die Senkung der Papiergeldmenge und die Überwachung der Zinssätze sein. Über den Erfolg dieser Maßnahmen bestimmt letztlich die jeweilige Situation der Volkswirtschaft.

Auf einen Blick: Geld und Geldmarkt

- Geld fungiert als gesetzliches Tausch- und Zahlungsmittels, als Wertmesser und Recheneinheit, als Wertaufbewahrungsmittel und als Kreditmittel.
- Auf dem Geldmarkt sind die Banken Anbieter und die Nichtbanken (Haushalte und Unternehmen) Nachfrager.
- Die Geldpolitik innerhalb der Europäischen Währungsunion wird von der Europäischen Zentralbank getragen.
- Geldschöpfung entsteht u. a. durch Kreditvergaben der Geschäftsbanken. Dabei wirken sich die Höhe der Kredite und die damit verbundenen Zinsen auch gesamtwirtschaftlich aus. Viele „billige" Kredite können langfristig die Inflation fördern, viele „teure" Kredite die Deflation.
- Der Binnenwertwert des Geldes ist dessen Kaufkraft, also sein Tauschwert gegenüber Gütern und Dienstleistungen. Steigen die Preise, sinkt die Kaufkraft.
- Mit dem Preisindex für die Lebenshaltung werden das Preisniveau, die Kaufkraft und die Inflationsrate ermittelt.
- Der Außenwert des Geldes ist der Preis der Währung eines Landes, ausgedrückt in der Währung eines anderen Landes: der Wechselkurs. Seine Entwicklung hat Auswirkungen auf die gesamte Volkswirtschaft.
- Deflation ist der Prozess eines andauernd sinkenden Preisniveaus, bei dem der Geldwert steigt. Inflation ist der Prozess eines andauernd steigenden Preisniveaus, bei dem der Geldwert sinkt.

Arbeit und Arbeitsmarkt

Der wirtschaftliche Bereich Arbeit und Arbeitsmarkt zählt zu den meistdiskutierten und umstrittensten Themen der Volkswirtschaftslehre, aber auch in unserer Gesellschaft. Die negativen Seiten, wie die hohe Arbeitslosigkeit oder der Abbau von Arbeitsplätzen in Deutschland, stehen dabei im Mittelpunkt der Diskussion.

In diesem Kapitel lesen Sie,

- wie der Arbeitsmarkt funktioniert (S. 71),
- wie Löhne gebildet werden (S. 75) und
- welche Möglichkeiten es gibt, den Arbeitsmarkt positiv zu beeinflussen (S. 77).

Angebot, Nachfrage und (Un-)Gleichgewicht

Der Begriff Arbeit

Arbeit aus volkswirtschaftlicher Sicht ist jede geistige und körperliche Tätigkeit, allerdings nur dann, wenn sie einen Beitrag zur volkswirtschaftlichen Produktion leistet und deshalb ein Einkommen erzielt. Aus volkswirtschaftlicher Sicht ist Arbeit ein Produktionsfaktor von besonderer Bedeutung, denn erst mit Arbeit können die anderen Produktionsfaktoren – Natur und Kapital – nutzbar gemacht werden.

Arbeitsproduktivität

Die Leistungsfähigkeit (Produktivität) misst die mengenmäßige Ergiebigkeit eines Produktionsfaktors. Die Arbeitsproduktivität ermittelt sich deshalb aus dem Verhältnis des Ergebnisses eines Produktionsprozesses (z. B. der Menge der produzierten Güter oder der Wertschöpfung, also dem, was an Wert in einem bestimmten Zeitraum geschafft wird) zu der Menge der eingesetzten Faktorleistungen (z. B. Arbeitszeit).

$$\text{Arbeitsproduktivität} = \frac{\text{Produktionsergebnis}}{\text{Arbeitseinsatz}} = \frac{\text{z. B. Produktionsmenge}}{\text{z. B. Arbeitszeit}}$$

Beispiel: Arbeitsproduktivität

Produktionsmenge als Produktionsergebnis: Fertigt ein Arbeiter in einer Woche mit 40 Arbeitsstunden insgesamt 320 Teile, so errechnet sich die Arbeitsproduktivität wie folgt: 320 Stück/40 Stunden = 8 Stück/Stunde.

Wertschöpfung als Produktionsergebnis: Kosten die hergestellten Teile insgesamt also 6.400 EUR, so errechnet sich die Arbeitsproduktivität so: 6.400 EUR/ 320 Stück = 160 EUR Wertschöpfung/Stunde.

Die Arbeitsproduktivität spielt in zahlreichen volkswirtschaftlichen Zusammenhängen eine Rolle: für Unternehmer etwa bei der Erstellung ihrer Angebote, da die Lohnkosten ein Kostenfaktor sind und sich auf den Preis auswirken. Ein anderes Beispiel der Bedeutung von Arbeitsproduktivität ist die Substitution der Produktionsfaktoren Arbeit und Kapital: So kann beispielsweise der Ersatz von menschlicher Arbeitskraft durch Maschinen zur Steigerung der Arbeitsproduktivität führen. Außerdem ist die Arbeitsproduktivität auch ein Faktor bei der Lohnfindung und deshalb für bestimmte Sichtweisen in der Lohnpolitik wichtig (s. S. 78).

Der Arbeitsmarkt

Auch der Arbeitsmarkt ist in erster Linie ein Markt. Hier bieten die Menschen ihre Arbeitskraft an. Unternehmen fragen die Arbeitskraft nach und bieten dafür ein Entgelt.

Erwerbspersonen, Erwerbslose und Arbeitslose

Lediglich die Erwerbspersonen, also diejenigen, die einen Beitrag zur volkswirtschaftlichen Produktion leisten und dafür ein Entgelt erhalten können, stehen dem Arbeitsmarkt zur Verfügung. Alle anderen Personen, wie z. B. Kinder und Rentner, leisten im Allgemeinen bezüglich des Produktionsfaktors Arbeit keinen Beitrag zur Volkswirtschaft bzw. erhalten kein Entgelt für ihre Arbeit und treten damit auch nicht auf dem Arbeitsmarkt auf. Bei den Erwerbspersonen wird zwischen den Erwerbstätigen und den Erwerbslosen unterschieden:

- Erwerbstätige üben in dem betrachteten Zeitraum eine Erwerbsarbeit aus und erhalten dafür ein Entgelt.
- Erwerbslose sind alle Arbeitskräfte, die von Lohn abhängig sind, aber keine Beschäftigung haben. Zu den Erwerbslosen zählen deshalb
  - sowohl die bei den Agenturen für Arbeit als arbeitslos registrierten Personen – die eigentlichen Arbeitslosen,
  - als auch diejenigen Arbeitskräfte, die sich nicht als arbeitslos gemeldet haben. Diese Gruppe von Personen kann dementsprechend nicht vollständig erfasst werden. Sie bildet die unsichtbaren, versteckten Arbeitslosen bzw. „Stille Reserve" und besteht u. a. aus Hausfrauen, Frührentnern und geringfügig Beschäftigten mit weniger als 15 Stunden wöchentlicher Arbeitszeit.

  Erwerbslos bedeutet also nicht zugleich arbeitslos. Die Zahl der Erwerbslosen kann deshalb erheblich über den Angaben der Zahl der Arbeitslosen liegen.

Auswirkungen auf den Beschäftigungsstand

Da der Arbeitsmarkt aber aus Menschen besteht, führt ein Überangebot von Arbeitskräften volkswirtschaftlich gesehen zu einem Problem: Es entsteht Arbeitslosigkeit. Ebenso ist der umgekehrte Vorgang – eine höhere Nachfrage als Angebot – für eine Volkswirtschaft nicht unproblematisch, weil er die Produktion in bestimmten Bereichen gefährdet.

Beispiele: Auswirkungen des Ungleichgewichts

Angebot größer als Nachfrage: Im Bereich der schlecht qualifizierten Arbeitskräfte ist entweder die Arbeitslosigkeit hoch oder die Löhne entsprechend niedrig. Dieser Umstand und wie man ihm abhelfen kann, ist immer wieder Gegenstand vieler wirtschaftspolitischer Diskussionen, z. B. zur Mindestlohnfestsetzung.

Nachfrage größer als Angebot: Verschiedene Faktoren führten in Deutschland von 2005 an zu einem sogenannten Fachkräftemangel. Das heißt, dass beispielsweise im Bereich der Ingenieurstechnik zu wenig qualifizierte Arbeitskräfte zur Verfügung stehen.

Arbeitslosigkeit als Folge des Ungleichgewichts auf dem Arbeitsmarkt

Die Arbeitslosenquote gibt an, wie hoch der Anteil der als arbeitslos gemeldeten Personen an der Gesamtzahl aller zivilen Erwerbspersonen ist (als „nicht-zivil" gelten z. B. Berufssoldaten). Die Arbeitslosenquote wird folgendermaßen berechnet:

$$\text{Arbeitslosenquote} = \frac{\text{Anzahl der Arbeitslosen X 100}}{\text{Anzahl aller Erwerbspersonen}}$$

Beispiel: Die Arbeitslosenquote

Im Dezember 2007 betrug die offizielle Zahl der Arbeitslosen in Deutschland 3,4 Mio. Das entsprach einer Arbeitslosenquote von 8,1 Prozent.

Vollbeschäftigung	Anzahl der Arbeitslosen = Anzahl der offen Stellen; oder Arbeitslosenquote 1 bis 3 Prozent
Unterbeschäftigung	Arbeitslosenquote > 3 Prozent
Überbeschäftigung	Arbeitslosenquote < 1 Prozent

Arten der Arbeitslosigkeit

Je nach Dauer der Arbeitslosigkeit und den Gründen, warum sie auftritt, kann zwischen vier Arten unterschieden werden:

- **Friktionelle Arbeitslosigkeit** ist eine kurzzeitige Arbeitslosigkeit. Sie tritt in der kurzen Pause zwischen dem alten und dem neuen Arbeitsverhältnis auf.
- **Saisonale Arbeitslosigkeit** ist zeitlich betrachtet ebenfalls relativ kurz. Bedingt wird sie durch die Abhängigkeit von den Jahreszeiten oder Modewechseln.
- **Konjunkturelle Arbeitslosigkeit** folgt in der Regel auf den Rückgang der gesamtwirtschaftlichen Güterproduktion und der Nachfrage. Die betroffenen Personen bleiben mittel- bis langfristig arbeitslos, da diese Arbeitsplätze in der Regel in der gesamten Volkswirtschaft wegfallen, nicht nur regional begrenzt.
- **Strukturelle Arbeitslosigkeit** entsteht, wenn sich die gesamtwirtschaftliche Produktion und Nachfrage nicht wieder erholen bzw. in einigen Bereichen sogar ganz wegfallen und es dadurch zu Verschiebungen zwischen den angebotenen und nachgefragten Arbeitsleistungen kommt. Diese Arbeitslosigkeit ist zeitlich gesehen langfristig.

Beispiel: Arten der Arbeitslosigkeit

Die saisonale Arbeitslosigkeit trifft insbesondere Bauberufe, den Gartenbau und die Landwirtschaft, die Mode-, die Touristik- und die Süßwarenbranche. Konjunkturelle Arbeitslosigkeit entsteht z. B. dann, wenn Unternehmen Konkurs anmelden und Ihre Produktionsstätten schließen. Da strukturelle Arbeitslosigkeit mit dem Wandel der Arbeitsplätze einhergeht, betrifft sie z. B. Personen, die arbeitslos werden, weil ihr Arbeitgeber seine Produktion oder seinen gesamten Unternehmensstandort ins Ausland verlagert.

Letztendlich ist es für die Arbeitsmarktpolitik wichtig zu wissen, wodurch die Arbeitslosigkeit entstanden ist, um mit entsprechenden Gegenmaßnahmen zu reagieren (s. S. 77).

Wie Löhne entstehen

Wie bei jedem anderen Markt, entscheiden im freien Wettbewerb Angebot und Nachfrage auf dem Arbeitsmarkt u. a. über die Preise, also das Arbeitsentgelt:

- Stehen für eine bestimmte Tätigkeit sehr wenige Arbeitskräfte zur Verfügung, ist das Angebot also geringer als die Nachfrage, so wird diese Tätigkeit voraussichtlich besser entlohnt werden, um die wenigen Arbeitskräfte anzuziehen.
- Stehen für eine Tätigkeit aber viele Arbeitskräfte zur Verfügung, ist das Angebot also größer als die Nachfrage, kann sich das Unternehmen die am besten geeignete und vor allem „preiswerteste" Arbeitskraft auswählen.

Für die Festlegung der Einkommenshöhe beim Abschluss eines Arbeitsvertrags spielen neben Angebot und Nachfrage noch weitere Kriterien eine Rolle. Auf anderen Märkten spricht man von Qualität, Service, Sortiment, Lieferbedingungen und der Werbung – im übertragenen Sinne gelten diese Kriterien auch für die Lohnfindung auf dem Arbeitsmarkt.

Beispiel: Kriterien der Lohnfindung

So werden gut ausgebildete Personen (Stichwort Qualität) deutlich besser bezahlt. Auch die Flexibilität und Mobilität kann zusätzlich über das Einkommen belohnt werden (Stichworte Service und Lieferbedingungen).

Staatliche Eingriffe und gesetzliche Regelungen

Neben dem freien Wettbewerb gibt es auch auf dem Arbeitsmarkt Beschränkungen, die zur Lohnfindung beitragen. Zum einen kann der Staat aus politischen Gründen für gewisse Berufe und Berufsgruppen einen Mindestlohn festsetzen, der von keinem Unternehmen unterschritten werden darf. Auch hier folgt der Staat der Prämisse, bestimmte – meist schlechter qualifizierte – Erwerbstätige zu schützen.

Beispiel: Mindestlohnpolitik

Als Beispiel für die Mindestlohnpolitik sei die im Dezember 2007 diskutierte Festsetzung der Mindestlöhne auf 7,50 EUR pro Stunde für den Postbereich genannt.

Andererseits gibt es über die sogenannten Tarifverträge die Möglichkeit, auf die Löhne und Gehälter und damit auf die Lohnfindung Einfluss zu nehmen. Indirekt trägt dies wiederum zur Einkommensverteilung bei, denn über die Verträge werden bestimmte Mindestbedingungen für die Beteiligten festgelegt. Tarifverträge bieten Schutz, regeln Einkommen, Arbeitszeiten und -bedingungen, beteiligen alle am wachsenden Wohlstand, regeln das Mitbestimmungsrecht und sichern den Frieden und die Kooperationsbereitschaft zwischen den Vertragsparteien.

Die Tarifpartner unterliegen dem Grundsatz der Tarifautonomie. Sie können ohne staatliche Einflussmöglichkeit ihre Tarife selbst gestalten, tragen dafür aber auch die Verantwortung. Die Tarifpartner sind die Gewerkschaften, welche die Interessen der Arbeitnehmer vertreten, und die Arbeitgeber. Je nach Art des Vertrages handeln die Arbeitgeber in Form der Arbeitgeberverbände (Verbandsverträge) oder als einzelne Arbeitgeber (Haus- oder Firmentarifverträge). Zu den Tarifvertragsarten zählen:

- Lohn- und Gehaltstarifverträge: Sie bemühen sich um kurzfristige Regelungen bestimmter Mindestlöhne, Lohn- und Gehaltserhöhungen etc.,
- Rahmen- bzw. Manteltarifverträge: Sie werden langfristig abgeschlossen über Regelungen zur Arbeitszeit, zu Urlaubs- und Brückentagen oder Kündigungsfristen.

Arbeitsmarktpolitik I: Arbeitslosigkeit bekämpfen

Die Beschäftigungs- und Arbeitsmarktpolitik versucht, mittels verschiedenster Maßnahmen so auf den Arbeitsmarkt Einfluss zu nehmen, dass eine anhaltende starke Arbeitslosigkeit abgebaut wird.

> Unter Beschäftigungspolitik werden alle wirtschaftspolitischen Maßnahmen verstanden, welche die Bekämpfung der Arbeitslosigkeit zum Ziel haben. Die gesamtwirtschaftliche Beschäftigung soll also zunächst stabilisiert und dann nach Möglichkeit sogar erhöht werden.

Die Grundprobleme

Die breite Fächerung der Arbeitslosigkeit stellt die Beschäftigungs- und Arbeitsmarktpolitik vor generelle Probleme, die nur schwer oder gar nicht zu lösen sind. Zu diesen gehören:

- der begrenzte finanzielle Spielraum des Staates,
- die Uneinschätzbarkeit der Wirkung dieser Maßnahmen und der damit verbundenen finanziellen Mittel,
- die langwierige und langsame Entscheidungsfindung in der politischen Auseinandersetzung.

Die Beschäftigungspolitik

Aus volkswirtschaftlicher Sicht gehören zur Beschäftigungspolitik im engeren Sinne u. a. die Beschäftigungsorientierte Lohnpolitik, die Keynessche Beschäftigungstheorie (Keynesianismus) und die moderne klassische Beschäftigungspolitik (Neuklassiker). Diese drei stellen wir im Folgenden kurz vor. Bei diesen Beschäftigungstheorien handelt es sich um ideelle Konstrukte, die in ihrer reinen Form diskutiert werden. Sie stellen quasi Ansatzpunkte für die Praxis bereit, wie das gesamtwirtschaftliche Wachstum gefördert werden könnte.

Die Beschäftigungsorientierte Lohnpolitik

Mit der Beschäftigungsorientierten Lohnpolitik ist die Bindung der Höhe der Löhne an die Produktivität gemeint. Damit versucht man zu verhindern, dass die Erhöhung der Löhne über den Zuwachs der Arbeitsproduktivität hinausgeht. Der Grund für diese Vorgehensweise liegt darin, dass es wegen einer Lohnerhöhung zunächst zwar zur Erhöhung der Nachfrage auf dem Güter- und Dienstleistungsmarkt, aber auch zu höheren Kosten der Unternehmen und damit wiederum zu Preissteigerungen und zum Nachfragerückgang kommen kann. Der Nachfragerückgang zieht dann einen Beschäftigungsrückgang nach sich. Die Lohnpolitik versucht also zunächst, die Stabilität von Beschäftigung und Produktivität und damit die Preisstabilität zu erhalten. Um dies zu gewährleisten, sind die folgenden zwei Grundsätze zu beachten:

- Zum einen sollte die Lohnpolitik produktivitätsorientiert sein. Das bedeutet, dass der Lohn nicht stärker wachsen sollte als die Arbeitsproduktivität. Der Prozentsatz für den zu erhöhenden Lohn sollte deshalb nicht höher sein als der Prozentsatz, um den die Kosten für das einzelne gefertigte Stück gefallen sind.
- Zum anderen muss die Lohnpolitik kostenniveauneutral sein: Neben dem Wachstum der Arbeitsproduktivität müssen auch sonstige Kosten berücksichtigt werden, z. B. indirekte Steuern, Zinsen und andere Vorleistungen.

Beispiel: Handlungsmöglichkeiten des Staates

Diese Forderungen decken sich mit dem Interessen des Arbeitgebers, für den überproportional steigende Lohnkosten sich negativ auf den Gewinn auswirken. Aus staatlicher Sicht würde hier die Lockerung der Lohnbindung oder des Kündigungsschutzes, also der Arbeitsgesetze, dem Unternehmer einen größeren Handlungsspielraum bei der Aushandlung von Arbeitsverträgen zuweisen.

Gleichzeitig könnte der Staat mit einem breit angelegten Angebot verpflichtender Niedriglohnjobs, wie dem Ein-Euro-Job, einen zusätzlich lohnsenkenden Effekt am Arbeitsmarkt erzielen.

Die Keynessche Beschäftigungstheorie

Ausgangspunkt der Überlegungen des Ökonomen und Politikers John Maynard Keynes (1883 - 1946) war, dass die weltweite Konjunkturflaute der Weltwirtschaftskrise ab 1929 und die dadurch eintretende Massenarbeitslosigkeit auf eine zu geringe gesamtwirtschaftliche Nachfrage (also: nicht auf dem Arbeitsmarkt, sondern z. B. auf dem Konsumgütermarkt) zurückzuführen sei. Diese mangelnde Nachfrage von Seiten der Arbeitnehmer führt zu fallenden Preisen und zu sinkenden Löhnen. Da weniger Lohn zur Verfügung steht, sinkt die Nachfrage weiter, was wiederum dazu führt, dass die Preise weiter fallen und die Löhne noch stärker sinken. Es entsteht eine Spirale, die letztendlich zu Massenarbeitslosigkeit führt.

Keynes nahm an, dass sich der Arbeitsmarkt nicht von allein wieder stabilisieren könne, da die Preise nicht flexibel genug seien, und dass deshalb der Staat mit Hilfe der Ausgabe von Krediten, sowohl für Unternehmen als auch für Haushalte, eingreifen müsse, um den Arbeitsmarkt wieder in ein Gleichgewicht zu bringen. Ziel der Kredite ist es, mit der gestiegenen Geldmenge die Nachfrage am Markt zu erhöhen. Man spricht von einer nachfrageorientierten Konjunkturpolitik.

Aufgrund der Tatsache, dass die staatlichen Eingriffe oft zu spät erfolgen können und von ungenügender Wirkung sind und auch die Arbeitslosigkeit nicht mehr nur von rückläufiger

Nachfrage abhängig ist, sieht man heute jedoch von diesem Konzept der nachfrageorientierten Beschäftigungspolitik, zumindest in seiner reinen Form, weitgehend ab. Die theoretischen Grundgedanken bleiben aber in vielen wirtschaftspolitischen Entscheidungen erhalten, z. B. wenn der Staat in das Wirtschaftsgefüge eingreift, insbesondere bei der Bekämpfung der Arbeitslosigkeit.

Die moderne klassische Beschäftigungstheorie

Die moderne klassische Beschäftigungspolitik geht davon aus, dass sich die freie Marktwirtschaft selbst regulieren und selbstständig wieder ein Gleichgewicht auf allen Märkten erzielen kann, wobei die Voraussetzung hierfür ein funktionierender Marktmechanismus ist. Außerdem wird angenommen, dass der Staat den Markt nicht oder nur in geringem Ausmaß regeln kann. Zu den Theorien, auf welche diese Beschäftigungspolitik aufbaut, gehören u. a.

- die Beschäftigungstheorie der Monetaristen (Monetarismus). Der Monetarismus entstand mit der Annahme, dass der Marktmechanismus bei flexiblen Preisen ein stabiles Gleichgewicht anstrebt – mit folgenden Konsequenzen:
  - Der Markt kann sich ohne Eingriffe des Staates viel besser erholen.
  - Die oberste Priorität muss der Stabilität des Preisniveaus gelten.
  - Der Staat muss sich auf seine Ordnungs- und Wettbewerbspolitik beschränken.
- Die angebotsorientierte Beschäftigungstheorie (Angebotsökonomik) legt ihr Hauptaugenmerk auf die Angebotseite.

Ziel ist es, die gesamtwirtschaftlichen Rahmenbedingungen für private Investitionen zu verbessern und damit den Konsum zu stärken. Zu solchen Verbesserungen zählen z. B. die Steuersatzsenkungen bei leistungsabhängigen Steuern und die Reduzierung der Staatsausgaben.

Theorie versus Praxis

Letztendlich geht es bei all diesen Theorien um die Förderung des gesamtwirtschaftlichen Wachstums. Praktisch könnte dies so aussehen, dass der Staat einerseits

- die Nachfrageseite stärkt (nach dem Keynesianismus), indem er die Sozialleistungen und Zahlungen an die privaten Haushalte erhöht, indem er Unternehmen bzw. verschiedene Branchen über Subventionen unterstützt oder indem er selbst nachfragt.
- Andererseits kann der Staat die Angebotseite stärken (nach der Arbeitsökonomie), indem er die Steuern senkt, indem er Sozialversicherungsbeiträge herabsetzt oder indem er der Forderung der Wirtschaft nach Deregulierung und Entbürokratisierung des Staates nachkommt.

Beispiele: Stärkung der Nachfrage- und Angebotseite

Stärkung der Nachfrageseite: Staatliche Maßnahmen, die u. a. auf dieses Ziel hinsteuern, sind z. B. die Zahlung bzw. die Erhöhung des Kindergelds (Familien werden entlastet und können mehr für Konsumgüter ausgeben), die Zahlung von Arbeitslosengeld (Erhalt einer gewissen Kaufkraft von Arbeitslosen) oder die Zahlung von BAföG an Studierende. Die Unterstützung von Unternehmen findet z. B. im Bergbau oder bei den alternativen Energien statt. Dadurch wird ein Anreiz geschaffen, diese Wirtschaftszweige zu erhalten (Bergbau) bzw. zu fördern und auszuweiten und entsprechend zu investieren (alternative Energien). Eigene Nachfrage durch den Staat geschieht z. B. durch eine Erhöhung der baulichen Maßnahmen oder der Militäraufträge.

Stärkung der Angebotseite: Steuersenkungen werden zu allen Zeiten als Mittel der Beschäftigungspolitik eingesetzt, z. B. soll die Unternehmensteuerreform des Jahres 2008 die Steuerlast der Unternehmen senken und sich so positiv auf die Angebotseite auswirken. Sozialversicherungsbeiträge wurden z. B. ab 1999 bei der Öko-Steuerreform gesenkt, in deren Rahmen zugleich Benzin und Energie verteuert wurden. Hier werden die Anbieter – durch die gesunkenen Arbeitgeberanteile – in ihren Kosten entlastet. Als große Deregulierungsmaßnahmen des Staates in den letzten Jahren sind z. B. die Liberalisierung des Telekommunikations- sowie des Strom- und Gasmarktes zu nennen: Hier wurde durch die Aufgabe der Monopolstellung des staatlichen Unternehmens die Möglichkeit geschaffen, dass andere Unternehmen verstärkt am Markt auftreten.

Die Arbeitsmarktpolitik

Nicht allein ein hoher Beschäftigungsstand ist Ziel der Arbeitsmarktpolitik, sondern auch das Erreichen einer für möglichst alle akzeptierbare soziale Situation auf dem Arbeitsmarkt. Dies geschieht u. a. mit Arbeitsförderungsgesetzen und deren Anpassung an die bestehenden Verhältnisse und mit Hilfe der aktiven und passiven Arbeitsmarktpolitik. Diese Politik setzt also vor allem auf der Seite des Angebots an. Zu den Gesetzen zählt das Dritte Buch des Sozialgesetzbuches (SGB III), welches z. B. die Struktur der Arbeitsförderung verändert hat.

Ziel der Arbeitsmarktpolitik ist es, Angebot und Nachfrage von Arbeitskräften besser zu strukturieren und den Ausgleich zwischen beiden zu verbessern.

Ziele und Instrumente der Arbeitsmarktpolitik

Insgesamt können die Bereiche und Instrumente der Arbeitsmarktpolitik folgendermaßen unterschieden werden:

Arbeitsmarktpolitik	Bereiche / Ziele	Instrumente
aktive Arbeitsmarktpolitik	Hilfen bei der Marktanpassung Beratung, Vermittlung und Umschulung	z. B. Arbeits- und Berufsberatung, Umschulungsmaßnahmen
	Hilfen bei der Beschaffung, Erhaltung und Qualifizierung von bzw. für Arbeitsplätze	z. B. Förderung der beruflichen Bildung und Ausbildung, Arbeitsbeschaffungsmaßnahmen, Förderung der regionalen Mobilität
passive Arbeitsmarktpolitik	Schaffung eines finanziellen Ausgleichs für den fehlenden Lohn bei Arbeitslosigkeit	z. B. Arbeitslosengeld I und II, Schlechtwettergeld und Winterbauhilfe, Kurzarbeitergeld

Beispiele: Maßnahmen der Arbeitsmarktpolitik

Dass diese Maßnahmen nicht unproblematisch sind, zeigt sich z. B. an vielen Diskussionen, Klagen und Protestaktionen in Bezug auf die „Gesetze für moderne Dienstleistungen am Arbeitsmarkt" (Hartz-Gesetze). Die Zusammenführung von Arbeitslosenhilfe und Sozialhilfe zum Arbeitslosengeld II war für Sozialhilfeempfänger eine Verbesserung. Arbeitslosenhilfeempfänger hingegen waren danach finanziell schlechter gestellt.

Sehr umstritten ist auch die Frage, ob Ein-Euro-Jobs helfen können, den Einzelnen wieder in den Arbeitsmarkt zu integrieren, während sie für beschäftigte Arbeitnehmer eine ernstzunehmende Konkurrenz bei der Aushandlung von Arbeitsverträgen sind.

Arbeitsmarktpolitik II: Soziale Sicherung

Das System der Sozialen Sicherung

Das System der Sozialen Sicherung entstand aus einer Reihe von Gesetzen, die nach der Reichsgründung im Jahre 1871 verabschiedet wurden. Ausgangspunkt war die schlechte soziale Lage innerhalb Deutschlands und der wachsende Einfluss der Sozialdemokratie. Heute kann man das System der Sozialen Sicherung als Teil der Arbeitsmarktpolitik sehen, weil der Staat dadurch seinem mit dem Konzept der Sozialen Marktwirtschaft zusammenhängenden Auftrag gerecht wird.

Durch Soziale Sicherung wird der soziale Frieden gesichert, Arbeitskraft erhalten und geschützt, eine Mindestexistenz gesichert sowie Einkommen gerechter verteilt.

Die Sozialgesetzgebung

Das System der Sozialen Sicherung ist in Deutschland in der Sozialgesetzgebung gesetzlich verankert. Damit besteht das das Recht des Einzelnen auf öffentlich-rechtliche Hilfen und Leistungen. Zu diesem Recht zählen alle Maßnahmen im Bereich der Sozialversicherung, aber auch Transferleistungen an Haushalte, z. B. Kindergeld, Jugendhilfe und Wohngeld, die sowohl die Mindestexistenz sichern sollen, als auch einer gerechteren Einkommensverteilung im Sinne der Begünstigung bei besonderen Umständen (z. B. Eltern mit Kindern) Rechnung tragen. Geregelt wird dieses Recht insbesondere in den Sozialgesetzbüchern (SGB) I bis XII.

Die Gestaltungsprinzipien des deutschen Sozialsystems

Hinter der Einführung des deutschen Sozialsystems verbergen sich verschiedene Gestaltungsprinzipien. Dazu gehören:

- das Sozialstaatsprinzip: Deutschland ist ein Sozialstaat, die darin lebenden Personen und Gruppen sollen nach diesem Prinzip agieren und reagieren,
- das Prinzip der Versicherungspflicht,
- das Solidaritätsprinzip: die zu versichernden Risiken sind von allen Versicherten gemeinsam zu tragen,
- das Beitragsfinanzierungsprinzip für die Sozialversicherungen,
- das Selbstverwaltungsprinzip und das Subsidiaritätsprinzip: die gesetzlichen Versicherungen sind faktisch organisatorisch und finanziell selbstständig, stellen gleichzeitig aber die Beteiligung der Arbeitnehmer und Arbeitgeber an der Selbstverwaltung sicher,
- das Prinzip der Freizügigkeit: jeder Bürger der EU kann sich in den EU-Mitgliedstaaten frei bewegen und aufhalten,
- das Äquivalenzprinzip für die Rentenversicherung: die Höhe der gezahlten Beiträge steht in einem bestimmten Verhältnis zu den Leistungen,

- die Grundprinzipien der Sozialen Sicherung: das Versicherungsprinzip, das Versorgungsprinzip und das Fürsorgeprinzip.

Die Finanzierung der Sozialen Sicherung

Das System der Sozialen Sicherung wird zu einem Teil aus den Versicherungsbeiträgen bestritten, insbesondere aus denen der Sozialversicherung. Diese Kosten werden bei Kranken-, Renten-, Arbeitslosen- und Pflegeversicherung jeweils zur Hälfte vom Arbeitnehmer und vom Arbeitgeber getragen. Die Beiträge für die Unfallversicherung müssen vollständig vom Arbeitgeber gezahlt werden. Neben den direkten Versicherungsleistungen gibt es eine Vielzahl von Transferleistungen, die ebenfalls zum System der Sozialen Sicherung gehören, aber nicht durch Beiträge finanziert sind.

Beispiele: Transferleistungen

Beispiele sind Kindergeld, Wohngeld, Jugendhilfe, Kriegsopferentschädigungen, aber auch Sonderleistungen bei Katastrophen (Flutschäden).

Die Sozialversicherung als Teil der Sozialen Sicherung

Die Sozialversicherung ist ein Bündel von gesetzlich zwingend einzugehenden Versicherungen. Das bedeutet, dass große Teile der Bevölkerung (in der Regel von der Einkommenshöhe abhängig) diese Versicherungen wahrnehmen müssen. Dabei geht es vor allem um die Absicherung vor wirtschaftlicher Not im Alter und bei Erwerbsminderung,

Arbeitslosigkeit, Krankheit, Pflegebedürftigkeit und Unfall. Eine finanzielle Unterstützung wäre im Schadensfall in der Regel ohne eine solche Vorsorge nicht bezahlbar und würde den wirtschaftlichen Ruin des Betroffenen bedeuten. Zu den Säulen der Sozialversicherung gehören die Kranken-, die Renten-, die Arbeitslosen- und die Pflegeversicherung. Je nach Darstellungsweise wird verschiedentlich auch die Unfallversicherung dazu gezählt.

Auf einen Blick: Arbeit und Arbeitsmarkt

- Auf dem Arbeitsmarkt sind die Haushalte die Anbieter, die Unternehmen die Nachfrager. Das Arbeitsentgelt ist der Preis, der im Zusammenspiel von Angebot und Nachfrage sowie weiteren Kriterien wie Qualifikation gebildet wird. Daneben werden Löhne über Tarifverträge geregelt.
- Arbeitslosigkeit entsteht, wenn die Nachfrage größer ist als das Angebot und die Arbeitslosenquote über 3 Prozent liegt.
- Beschäftigungspolitik sind alle wirtschaftspolitischen Maßnahmen zur Bekämpfung der Arbeitslosigkeit. Hier gibt es zwei prinzipielle Richtungen: die Stärkung der gesamtwirtschaftliche Nachfrageseite (nach Gütern) oder die Stärkung der gesamtwirtschaftlichen Angebotseite.
- In der Arbeitsmarktpolitik ergreift der Staat konkrete Maßnahmen wie Hilfen bei der Beratung oder Vermittlung sowie Lohnersatzleistungen (z. B. Alg I und II).

Wirtschaftsordnungen und Wirtschaftspolitik

Volkswirtschaften lassen sich nach gewissen Kriterien in Wirtschaftordnungen klassifizieren. Diese unterscheiden sich u. a. durch die Höhe des Grades, in welchem der Staat wirtschaftspolitische Aufgaben wahrnimmt, also den Prozess des Wirtschaftens durch indirekte und direkte Maßnahmen steuert.

In diesem Kapitel lesen Sie,

- was die freie und die soziale Marktwirtschaft kennzeichnet (S. 91, 93),
- warum Konjunkturschwankungen auftreten (S. 96),
- welche Ziele mit der Wirtschaftspolitik verfolgt werden (S. 99) und
- welche Instrumente dem Staat dabei zur Verfügung stehen (S. 106).

Die Soziale Marktwirtschaft und andere Wirtschaftsordnungen

Das gesamtwirtschaftliche Geschehen vollzieht sich in einer Volkswirtschaft in bestimmten Formen der Ordnung, die insbesondere durch die vorherrschende Weltanschauung und die Politik bestimmt wird. Eine Wirtschaftsordnung kennzeichnet sich durch die Gesamtheit der wirtschaftlich relevanten rechtlichen Vorschriften und Satzungen, durch Koordinationsmechanismen, durch die Zielsetzungen, die historischen Vorereignisse, die Verhaltensweisen und die Institutionen, die den Ablauf einer Volkswirtschaft bestimmen. Zu den Grundelementen einer Wirtschaftsordnung gehören:

- die Eigentumsordnung: Sind die Produktionsmittel z. B. Privat- oder Kollektiveigentum? Als Pole stehen sich hier z. B. Kapitalismus und Sozialismus gegenüber.
- der Koordinationsmechanismus bzw. die Ordnungsfunktion des Staates: Wer entscheidet darüber, wer, wann, wo und wie viel produziert und konsumiert? Entstehen Nachfrage, Angebot und Preise durch das freie Zusammenwirken der Wirtschaftssubjekte oder werden sie zentral geplant?

Grundsätzlich lassen sich zwei idealtypische Wirtschaftsordnungen unterscheiden: die theoretischen Modelle der freien Marktwirtschaft und der Zentralverwaltungswirtschaft. In der Realität sind meistens Mischformen anzutreffen, was wir anschließend zeigen.

Modell: freie Marktwirtschaft

Für die freie Marktwirtschaft ist kennzeichnend: Entscheidungsfreiheit der Unternehmer und Haushalte, Vertragsfreiheit, Privateigentum auch an Produktionsmitteln, keine direkten Eingriffe des Staates in die Wirtschaft, Märkte mit freiem Wettbewerb und freier Preisbildung, Möglichkeiten der Gewinnerzielung als Anreiz zur Entfaltung der Unternehmerinitiative, Gewerbefreiheit und freie Berufswahl, freie Vereinbarungen zwischen Unternehmern und Arbeitern über die Löhne, freie Konsumauswahl, unbeschränkter Handel.

Die freie Marktwirtschaft kann als ein dynamisches System angesehen werden, das seine Gleichgewichtszustände selbstständig erreicht. Die möglichen Gleichgewichtszustände resultieren allerdings aus der Wirtschaftsdynamik und nicht zwingend aus der Sozialverträglichkeit. Dies stellt auch den größten Kritikpunkt dieses Systems dar, das in seinen Extremformen sozialdarwinistische Züge annehmen kann.

Beispiel: Mangelnde Sozialverträglichkeit

In der freien Marktwirtschaft ist jeder Mensch auf sich allein gestellt. Da der Staat nur eine Ordnungsfunktion hat, greift er auch nicht ein, wenn die Menschen aufgrund der Entwicklungen am Markt ihr Einkommen verlieren. Eine Existenzsicherung von Seiten des Staates gibt es nicht, die Menschen müssen es aus eigener Kraft schaffen, ihre Existenz wieder aufzubauen.

Die Grundlagen der freien Marktwirtschaft gehen auf die Gesellschaftsordnung des Individualismus und die Gedanken des Liberalismus zurück. Dabei sind die Menschen freie, verantwortungsvolle und selbstbestimmte Individuen, die ohne Befehle der Obrigkeit allein aufgrund der eigenen Einsichten und Erfahrungen das gesellschaftliche Zusammenleben gestalten können. Das Streben nach dem eigenen Vorteil, also dem Eigennutz, dient letztendlich dem Gemeinnutzen – so die Auffassung. Dem Staat selbst obliegt lediglich eine Ordnungs- und Sicherungsfunktion. Mithilfe einer liberalen Rechtsordnung sorgt er dafür, dass die aufgestellten Spielregeln beachtet und eingehalten werden und dass die innere und äußere Sicherheit gewährleistet ist. Außerdem sorgt er für die Bereitstellung von öffentlichen Gütern für die Allgemeinheit. Der Staat wird aufgrund seiner reduzierten Aufgaben auch als „Nachtwächterstaat" bezeichnet.

Modell: Zentralverwaltungswirtschaft

Für die Zentralverwaltungswirtschaft ist charakteristisch: Planung des gesamten Wirtschaftsprozesses durch eine zentrale Stelle, Abschaffung des Privateigentums an Produktionsmitteln (Sozialisierung), keine Märkte mit freiem Wettbewerb, sondern staatliche Anweisungen und Zuweisungen, staatliche Festsetzung der Löhne und Preise, keine Gewerbefreiheit, zentrale Planung des Arbeitseinsatzes, eingeschränkte Verbrauchsfreiheit, staatlich geregelter Außenhandel.

Aus den Charakteristika der Zentralverwaltungswirtschaft wird deutlich, dass die zugrundeliegende Gesellschaftsordnung kollektivistisch angelegt ist und deren politische Grundlage z. B. im Marxismus-Leninismus liegen kann: Der Einzelne ist der Gesellschaft untergeordnet und setzt seine Kräfte für das Gemeinwohl ein. Der Staat übernimmt dabei alle Entscheidungs- und Lenkungsfunktionen. Er verwaltet das allen Mitgliedern der Gesellschaft gehörende Eigentum an Produktionsmitteln und plant mit Hilfe des gesetzlich verankerten Volkswirtschaftsplans die gesamte Produktion. Die Grenzen und Probleme zeigen sich dabei recht schnell, denn die Komplexität von Wirtschaftssystemen setzt einer generellen Planbarkeit Grenzen. So konnten bisherige Zentralverwaltungswirtschaften auch nur mit ungenügender Flexibilität auf selbst geringere, spontane Änderungen der wirtschaftlichen Verhältnisse reagieren.

Beispiel: Zentralverwaltungswirtschaft

Dem Ordnungssystem der Zentralverwaltungswirtschaft entsprach die Sowjetunion bis zu ihrem Zerfall zu Beginn der 90er Jahre. Letztlich scheiterte hier das System u. a. daran, dass Versorgungsengpässe entstanden und zudem die Außenwirtschaft durch die starren Planungsvorgaben nicht flexibel genug auf die marktwirtschaftlichen Beziehungen zum Ausland reagieren konnte.

Planungen und Festlegungen von Preisen haben aber durchaus auch Vorteile. So ist es möglich, die Dinge des täglichen Bedarfs sehr preiswert zu machen, so dass sie für jede Einkommensklasse erschwinglich sind. Diesen Gedanken nimmt die Marktform der Sozialen Marktwirtschaft auf.

Praxis: Soziale Marktwirtschaft

In Deutschland wurde nach dem Zweiten Weltkrieg die Soziale Marktwirtschaft favorisiert, die sich am Modell der freien Marktwirtschaft orientiert.

Die Soziale Marktwirtschaft verbindet die freie Abwicklung des Marktes zweckmäßig mit Eingriffs- und Lenkungsmöglichkeiten des Staates, die insbesondere auf sozialpolitischen Erwägungen beruhen.

Die Produktionsentscheidungen liegen, wie in der freien Marktwirtschaft, bei den privaten Unternehmen. Umfang und Richtung der Produktion werden auf dem Markt allein durch Angebot, Nachfrage und Preisbildung bestimmt. Dem freien Wettbewerb und der ungehemmten Entwicklung der Unternehmen sind jedoch in der Sozialen Marktwirtschaft Grenzen gesetzt. Der Staat greift ordnend in Wettbewerbsverfälschungen ein und verbietet z. B. solche Unternehmenszusammenschlüsse, die sich nachteilig auf die mittleren und kleineren Unternehmen sowie auf Verbraucher auswirken können.

Beispiel: Staatliche Beteiligung

Eine der Hauptaufgaben des Staates in der Sozialen Marktwirtschaft ist die Sicherung der Existenz der Menschen. Sozial meint deshalb u. a. das gegenseitige Einstehen der im Staat lebenden Menschen (z. B. durch Soziale Sicherung (s. S. 85) oder über sozial gerechte Besteuerung). Sozial bedeutet aber auch, dass der Staat im Rahmen des Wirtschaftsgeschehens auf fairen Umgang achtet (z. B. über Mindestpreisfestsetzungen). In einigen Wirtschaftsbereichen ist der Staat selbst Unternehmer. Als Wirtschaftsteilnehmer nimmt er u. a. in den öffentlichen Verkehrs- und Versorgungsbetrieben einen erheblichen Teil der Produktivkräfte in Anspruch. Auch im Rahmen der staatlichen Konjunkturpolitik greift der Staat in den Wirtschaftsprozess ein. Durch öffentliche Aufträge und Kreditgewährungen soll z. B. einer Konjunkturabschwächung entgegengewirkt werden.

In Deutschland ist die Soziale Marktwirtschaft nach dem Zweiten Weltkrieg dadurch entstanden, dass die westlichen

Besatzungsmächte die sich in der Sowjetunion entwickelnde staatliche Wirtschaftslenkung ablehnten und nur solche wirtschaftlichen Entwicklungen zuließen, die mit ihren eigenen Ordnungen konform gingen. Gleichzeitig musste Fehlentwicklungen der freien Marktwirtschaft – als solche wurde z. B. das Massenelend der Bevölkerung in den 1930er Jahren des letzten Jahrhunderts gesehen – vorgebeugt werden. Entsprechend wurde der soziale Gedanke in der Verfassung verankert. Für die Wirtschaftsordnung der Sozialen Marktwirtschaft heißt dies, dass die die wirtschaftspolitischen Ziele den gesellschaftspolitischen Zielen wie Freiheit, Gerechtigkeit, Wohlstand und Sicherheit untergeordnet sind. Die Aufgaben der Wirtschaftspolitik in der Sozialen Marktwirtschaft umfassen deshalb Regelungen der Wirtschaftsordnung, der Wirtschaftsstruktur und des Wirtschaftsprozesses (ausführlicher zur Wirtschaftspolitik, s. S. 99).

Problemfelder der Sozialen Marktwirtschaft

Auch die Soziale Marktwirtschaft ist der Kritik ausgesetzt. Beispielsweise führt die Öffnung der Volkswirtschaften auf internationaler Ebene zu einer Globalisierung, in deren Kontext der Staat zunehmend an Einflussmöglichkeiten auf das Wirtschaftssystem und damit auf die Sozialverträglichkeit der Wirtschaftsordnung verliert. Sichtbar wird dies z. B., wenn Unternehmen ihre Standorte aus Kostengründen aus Deutschland ins Ausland verlagern und sich dadurch die Zahl der Arbeitslosen erhöht.

Hinzu kommt eine beobachtbare Tendenz des Rückzugs des Staates aus ehemals traditionell staatlichen Wirtschaftsbereichen wie der Telekommunikation, dem Verkehr oder der Post. Dies kann zwar die Wirtschaftlichkeit dieser Bereiche deutlich erhöhen, gleichzeitig kann aber der Wegfall z. B. von ineffizienten Infrastrukturen für ganze Regionen den wirtschaftlichen Abstieg beschleunigen. Die ausgleichenden Möglichkeiten des Staates schwinden hier zunehmend.

Beispiele: Weitere Problemfelder

Weitere Problemfelder sind beispielsweise hohe Arbeitslosigkeit und die Finanzierung von Lohnausgleichszahlungen wie Arbeitslosengeld I und II oder die zunehmende Überalterung der Gesellschaft und damit verbunden die Finanzierbarkeit der Renten durch die staatliche Rentenversicherung.

Die Konjunktur

Aus volkswirtschaftlicher Sicht ist hier ist die Unterscheidung zwischen Wachstum und Konjunktur wichtig:

- Von **„Wachstum"** spricht man, wenn das reale Bruttoinlandsprodukt im Vergleich zum Vorjahr zunimmt. Die Betrachtungsweise ist hier allerdings eine langfristige: Der Wachstumstrend beschreibt eine langfristige Tendenz der wirtschaftlichen Entwicklung einer Volkswirtschaft bzw. der Weltwirtschaft. Man unterscheidet das quantitative und das qualitative Wachstum.
  - **Quantitatives Wachstum** lässt sich mithilfe der jährlichen Veränderungen des Bruttoinlandsproduktes relativ leicht messen. Die reale Wachstumsrate gibt dabei an, wie hoch die prozentuale Zunahme des realen Bruttoinlandsproduktes im Vergleich zum Vorjahr war.

- **Qualitatives Wachstum** als Gradmesser entstand aus der Kritik, dass es nicht ausreiche, die Zunahme des Wohlstands einer Gesellschaft allein über das Wachstum des BIP zu bestimmen. Hier geht es darum festzustellen, welchen Zuwachs die Lebensqualität in einer Volkswirtschaft hat. Dazu zählen folgende Bereiche: Gesundheit, Lernen und Ausbildung, Qualität des Arbeitslebens, Freizeit und Zeiteinteilung, wirtschaftliche Situation und Kaufkraft, physische Umwelt, persönliche Sicherheit, soziale Beteiligungschancen.

- Unter **Konjunktur** versteht man das mittelfristige Auf und Ab bei der Entwicklung des quantitativen Wirtschaftswachstums. Konjunkturelle Schwankungen werden auf Veränderungen der gesamtwirtschaftlichen Nachfrage zurückgeführt.

Konjunkturzyklus und Ursachen

Ursachen der Konjunktur

Auch für die Ursachen der Konjunktur gibt es eine Reihe volkswirtschaftlicher Theorien. Ausgehend vom gesamtwirtschaftlichen Gleichgewicht ist ein konjunktureller Idealzustand dann erreicht, wenn es zwischen Angebot und Nachfrage unter der Voraussetzung der Vollbeschäftigung ein Gleichgewicht gibt. Bei der Störung dieses Gleichgewichtes treten Konjunkturschwankungen auf.

> Ursachen für die Störungen sind Veränderungen des Kaufverhaltens, die ungleichmäßige Entwicklung von Geldmenge und Güterangebot sowie ein Ungleichgewicht zwischen Sparen und Investitionen.

Konjunkturzyklus

Ein Konjunkturzyklus enthält folgende Phasen:

Phase	Merkmale
Aufschwung oder Expansionsphase	Beschäftigungsstand, Einkommen, Nachfrage und Geldmenge steigen.
Hochkonjunktur oder Boomphase	Die Nachfrage übersteigt das Angebot, Inflationsrate und Löhne steigen, Produktionsfaktoren sind überbelastet mit der Folge eines nur geringen Anstiegs des Bruttoinlandsprodukts.
Abschwung oder Rezession	Eine rückläufige Nachfrage führt zu Produktionseinschränkungen und Arbeitslosigkeit, Einkommen fallen, Gewinne und Wachstumsraten nehmen ab.
Tiefstand oder Depression	Geringe Investitionstätigkeit und Konsumgüternachfrage, hohe Arbeitslosigkeit, Produktionsfaktoren sind unausgelastet.

Der Aufschwung beginnt wieder, wenn das Angebot unter die Nachfrage fällt. Ein solcher idealtypischer Konjunkturzyklus wiederholt sich in der Regel etwa innerhalb von drei bis fünf Jahren. In der Realität treten die Phasen allerdings auch nicht-zyklisch auf.

Konjunkturindikatoren

Als Indikatoren dafür, in welcher Phase sich die Konjunktur einer Volkswirtschaft befindet, gilt z. B. die Entwicklung der Auftragseingänge bei den Unternehmen, der Produktion und der Umsätze, der Beschäftigtenzahlen, der Preise und Zinsen sowie der Im- und Exporte.

Beispiel: Aufschwung und Rezession

Ausgelöst durch Wiedervereinigung in den Jahren 1989/1990 erhielt die deutsche Wirtschaft zunächst einen Aufschwung. Da u. a. die Kosten für den Wiederaufbau Deutschlands enorm stiegen, folgte 1993 die Phase der Rezession.

Ziele der Wirtschaftspolitik: Stabilität, Wachstum, Gerechtigkeit

Die Wirtschaftspolitik umfasst alle Maßnahmen zur Ordnung und Gestaltung einer Volkswirtschaft mit dem Ziel, den größtmöglichen Wohlstand der Gesellschaft zu erreichen. Die Wirtschaftspolitik ist letztlich immer ein Teilbereich der Politik. Sie umfasst das aktive Moment des Handelns, trotzdem sind Wirtschaftspolitik und -wissenschaft eng miteinander verbunden und gerade die Volkswirtschaftslehre wäre ohne die Wirtschaftspolitik ihrer Bestimmung beraubt. Umgekehrt bildet die wissenschaftliche Analyse eine wesentliche Voraussetzung für Entscheidungen der Politik.

Beispiel: Denkrichtungen der Politik

Als Teilbereich der Politik ist die Wirtschaftspolitik auch von den aktuellen politischen Gegebenheiten abhängig. Jeder Regierungswechsel bringt andere Grundsätze mit sich, die sich auf die Entscheidungen auswirken. In Deutschland stehen die wichtigsten Parteien für unterschiedliche Tendenzen im wirtschaftspolitischen Denken und Handeln: Die CDU/CSU eher für die Stärkung der Anbieterseite (Unternehmen), um dadurch die Beschäftigungssituation zu verbessern und Wachstum anzuregen; die SPD eher für das Ziel der sozialen Gerechtigkeit sowie für ein stärkeres Eingreifen des Staates in die Mechanismen der freien Marktwirtschaft; die FDP für mehr Freiheiten und Verantwortung des Einzelnen sowie für eine starke Zurückhaltung des Staates. Diese traditionellen Richtungen verändern sich jedoch im Laufe der Zeit bzw. angesichts der zunehmenden Problemfelder der Sozialen Marktwirtschaft. Und da es auch in der Volkswirtschaftslehre selbst die verschiedensten Denkrichtungen gibt und letztlich alle Erklärungsversuche auf Modellen beruhen, kann kein objektiver „Königsweg" aufgezeigt werden.

Gesamtwirtschaftliches Gleichgewicht

Auch wenn es verschiedene Ansatzpunkte für die konkreten wirtschaftspolitischen Maßnahmen gibt, so werden mit deren Durchführung dennoch bestimmte Zielsetzungen verfolgt.

Das Magische Viereck

In Deutschland sind alle Träger der Wirtschaftspolitik verpflichtet, ihre wirtschaftspolitischen Maßnahmen nach dem Stabilitätsgesetz (am 8. Juni 1967 in Kraft getreten) zu gestalten. Das oberste wirtschaftspolitische Ziel ist dabei die Erlangung bzw. der Erhalt des gesamtwirtschaftlichen Gleichgewichts. Laut Stabilitätsgesetz müssen dafür vier Einzelziele verwirklicht werden, die oft als „Magisches Viereck" bezeichnet werden. Magisch deshalb, weil es nahezu unmöglich ist, diese Ziele gleichzeitig optimal zu verwirklichen. Zudem wirken sich Maßnahmen zur Erreichung eines Ziels immer auch auf die anderen Ziele aus.

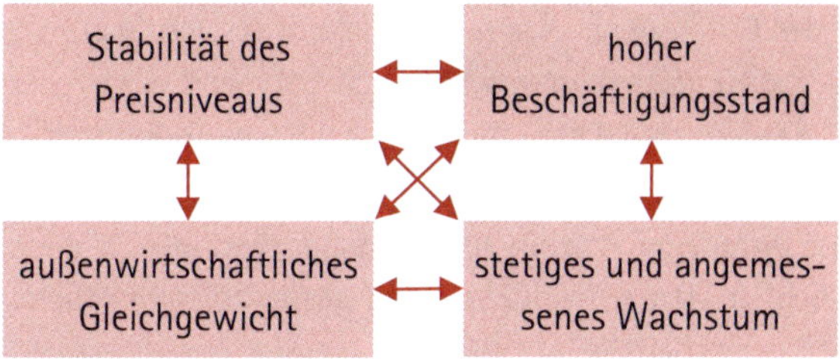

Das Magische Viereck

1 **Die Stabilität des Preisniveaus**

ist eine wichtige Voraussetzung für das Funktionieren des Wettbewerbs, für Wirtschaftswachstum und für eine hohe Beschäftigung. Es bedeutet, dass der Wert des Geldes stabil, also die durchschnittlichen Preise in einer Volkswirtschaft unverändert bleiben sollen. Die einzelnen Preise dürfen sich natürlich ändern. Dieses Ziel wird erreicht, wenn die Inflationsrate bzw. das Preisniveau nicht mehr als zwei Prozent beträgt. Dass leichte Preissteigerungen durchaus möglich sind, erklärt sich mit nur schlecht messbaren Qualitätsverbesserungen.

Beispiel: Messung der Zielerreichung

Die Preisentwicklung der Konsumgüter gilt als guter Indikator für die Überprüfung des Ziels der Preisniveaustabilität. Deshalb wird hier u. a. der Preisindex für die Lebenshaltung verwendet.

Die Begründung des Ziels liegt in historischer Analogie, da die Inflation von 1923 in Deutschland ganze Bevölkerungsschichten verarmen ließ. Hinzu kommt, dass man bei stark schwankenden Preisen keine Rückschlüsse auf die Knappheit der Güter ziehen kann und ein Planen von Spar- und Investitionsentscheidungen erheblich erschwert wird.

2 **Ein hoher Beschäftigungsstand (Vollbeschäftigung)** wird erreicht, wenn die Arbeitslosenquote einer Volkswirtschaft unter drei Prozent liegt. Die Begründung für dieses Ziel liegt in den individuellen und gesamtwirtschaftlichen Folgen der Arbeitslosigkeit.

Beispiel: Folgen von Arbeitslosigkeit

Folgen für den Einzelnen sind die Einkommensverluste, die seelischen Belastungen, der Verlust der Selbstachtung und Verlust der Selbstverwirklichungsmöglichkeit etc. Gesamtwirtschaftliche Folgen sind u. a. ein geringeres Wohlstandsniveau, ungenutzte Arbeitskräfte und die daraus resultierenden Kosten für die Unterstützung der Arbeitslosen.

3 **Das außenwirtschaftliche Gleichgewicht**
ist ein relativ offen formuliertes Ziel. Es besagt, dass von den wirtschaftlichen Beziehungen eines Landes mit dem Ausland keine negativen Wirkungen auf die wirtschaftspolitischen Ziele der jeweiligen Binnenwirtschaft ausgehen sollen. Es soll also vermieden werden, dass z. B. Inflation oder Arbeitslosigkeit von außen in die Binnenwirtschaft hineingetragen werden. Durch die starken weltwirtschaftlichen Verflechtungen der Volkswirtschaften ist ein außenwirtschaftliches Gleichgewicht notwendig, um alle Länder zahlungsfähig zu halten.

Im engeren Sinne bedeutet außenwirtschaftliches Gleichgewicht, dass ein Gleichgewicht zwischen den Zahlungsein- und -ausgängen angestrebt wird. Erfasst wird dieses Ziel mittels des sogenannten Außenbeitrags, der die Differenz zwischen dem Export und dem Import von Gütern und Dienstleistungen bezeichnet. Ziel ist es, einen positiven Außenbeitrag in der Höhe von etwa ein bis zwei Prozent des Bruttoinlandsprodukts zu den Marktpreisen zu erhalten (also Exporte größer als Importe).

4 **Das stetige und angemessene Wachstum**
gilt als erreicht, wenn das reale Bruttoinlandsprodukt steigt. Neben diesem quantitativen Wachstum tritt zusätzlich die Zunahme der Lebensqualität – das qualitative Wachstum – ins Blickfeld, z. B. bessere Umweltbedingungen, Humanisierung des Arbeitsplatzes und eine umfassende Gesundheits- und Altersvorsorge.

Die Erweiterung: Ein Sechseck oder ein Achteck?

Da seit Festlegung dieser Zielsetzung über 40 Jahre vergangen sind, werden mittlerweile auch andere Ziele für das gesamtwirtschaftliche Gleichgewicht als notwendig diskutiert. Deshalb wird heute oft von einem Sechseck gesprochen, da vor allem die Ziele

- der gerechten Einkommensverteilung und
- des Umweltschutzes

als notwendige Bestandteile von Wirtschaftspolitik akzeptiert sind. In der Fachwissenschaft werden diese sechs Ziele zum Teil sogar noch erweitert. Nach dieser Auffassung sollten

- humane Arbeitsbedingungen und
- die Sicherung der Ressourcen, ohne die keine Volkswirtschaft funktionieren kann,

ebenfalls zu den wirtschaftspolitischen Zielstellungen gehören.

Zielkonflikte

Unabhängig von der Anzahl der gesetzten Ziele bleibt die Eigenschaft der „Magie", da die Ziele in der Regel miteinander konkurrieren. Maßnahmen zur Erreichung eines Ziels wirken sich immer auch auf die anderen Ziele aus. Im günstigsten Fall harmonieren die Maßnahmen, im ungünstigsten Fall wird die Verwirklichung der jeweils anderen Ziele gehemmt. Die Lösung liegt im politisch ausgehandelten Kompromiss.

Beispiel: Zielkonflikte

Harmonie: Mit Hilfe von Arbeitsbeschaffungsmaßnahmen nimmt der Stand der Beschäftigung zu. Gleichzeitig wächst das Bruttoinlandsprodukt, da aufgrund der zusätzlichen Erwerbstätigen mehr Güter und Dienstleistungen hergestellt werden können.

Hemmung: Der Abbau von Zöllen verringert zwar die Steigerung des Preisniveaus, kann aber gleichzeitig zum Abbau von Arbeitsplätzen führen, wenn die inländischen Unternehmen nicht konkurrenzfähig sind.

Wirtschaftspolitische Strategien

Da die Selbststeuerung des Marktes, also der Marktpreismechanismus, zwar Angebot und Nachfrage regelt, auf lange Sicht aber die wirtschaftspolitischen Teilziele nicht garantiert, greift hier der Staat ein.

Grundsätzlich lassen sich zwei Richtungen in der Wirtschaftspolitik unterscheiden, in denen einige Grundgedanken der auf S. 80 f. dargestellten Theorien wiederzufinden sind: eine nachfrageorientierte und eine angebotsorientierte Richtung.

- **Die nachfrageorientierte Wirtschaftspolitik** setzt auf die Steuerung der Nachfrage. Mit kurzfristigen Maßnahmen soll auf Schwankungen der Konjunktur aufgrund von Nachfrageschwankungen reagiert werden. Sie werden fallweise und antizyklisch zum Konjunkturverlauf eingesetzt, d. h. entgegengesetzt dem wirtschaftlichen Handeln der Wirtschaftssubjekte in einer bestimmten Phase der Konjunktur (z. B.: wenn die Nachfrager in der Abschwungphase sparen oder weniger Geld ausgeben, erhöht der Staat seine Ausgaben). Ziel ist es, die Gesamtnachfrage zu stabilisieren und damit dem Ziel des gesamtwirtschaftlichen Gleichgewichts Rechnung zu tragen.

Beispiel: Nachfrageorientierte Maßnahmen

Besteht eine zu starke Nachfrage, geht es um Maßnahmen, die diesen Trend drosseln. Eine Möglichkeit dabei ist die Erhöhung von Steuern und Abgaben, die Kapital binden sollen. Zugleich wird dadurch „vorgesorgt" für Maßnahmen bei einer zu geringen Nachfrage. Denn dann werden Maßnahmen ergriffen, welche die Nachfrage stärken, z. B. die Vergabe staatlicher Aufträge und die Gewährung von Krediten an Unternehmen und private Haushalte.

- **Die angebotsorientierte Wirtschaftspolitik** setzt dagegen auf der Angebotseite an. Diese Denkrichtung geht von den Selbstheilungskräften des freien Marktes aus und setzt lediglich auf die Verbesserung der Bedingungen für das Güterangebot durch Maßnahmen des Staates. Es geht also nur um die Schaffung geeigneter Rahmenbedingungen. Zu den Maßnahmen gehören langfristige Maßnahmen, wie die Förderung von Bildung und Fortschritt, die

Senkung der Steuern etc. Langfristig sollen die Maßnahmen deshalb sein, um vorzusorgen und den Markt zu stabilisieren.

Instrumente der Wirtschaftspolitik

Die Träger der Wirtschaftspolitik

Auch wenn dem Staat in der Wirtschaftspolitik die tragende Rolle zukommt, so gibt es eine Reihe weiterer Interessengruppen, die ebenfalls Einfluss auf die Wirtschaftspolitik haben. Direkte Entscheidungsträger sind die politischen Parteien, die Parlamente von Bund und Ländern, die Bundesregierung, die EZB und die einzelnen Geschäftsbanken sowie die Tarifpartner. Einfluss nehmen aber auch der Sachverständigenrat und die Öffentlichkeit einschließlich der Medien. Jede der genannten Gruppen bzw. Institutionen verfolgt dabei in der Regel eigene Interessen. Aus der Diskussion und dem Ringen um einen gemeinsamen Weg entsteht ein Kompromiss – berühmtes Beispiel ist die Diskussion um die Hartz-Gesetze aus dem Jahr 2001 –, der tendenziell für einen Ausgleich der Macht und der Interessen in der Gesellschaft sorgen soll.

Die Bereiche der Wirtschaftspolitik

Grob lassen sich folgende Bereiche unterscheiden:

- Die Ordnungspolitik umfasst alle wirtschaftspolitischen Entscheidungen hinsichtlich der Rahmenbedingungen der Volkswirtschaft, z. B. über die Herstellung bzw. Ausweitung der Gewerbefreiheit, die Berufsfreiheit, die Wettbewerbsfreiheit, die Produktionsfreiheit, also alle Maßnahmen, welche die Funktionsfähigkeit des Marktes sichern.

- Die Prozess- oder auch Ablaufpolitik zielt auf die Steuerung gesamtwirtschaftlicher Größen. Hier wird insbesondere die Wachstumspolitik zugeordnet.
- Die Strukturpolitik beschäftigt sich mit Fragen des Ausgleichs, sowohl auf regionaler Ebene als auch auf den Ebenen der Branchen und der Verteilung von Einkommen und Vermögen.

Diesen Bereichen lassen sich einzelne Wirtschaftspolitiken zuordnen, z. B. die Geldpolitik, Sozialpolitik, Einkommens- und Vermögenspolitik, Finanzpolitik, Außenwirtschaftspolitik, Beschäftigungs- und Arbeitsmarktpolitik oder die Umweltpolitik.

Beispielhaft wird im Folgenden die Wachstums- und Strukturpolitik dargestellt. Die Beschäftigungs- und Arbeitsmarktpolitik ist ein enger Bestandteil des Arbeitsmarktes und wurde deshalb diesem Kapitel zugeordnet (s. S. 89). Die Geldpolitik und die Außenwirtschaftspolitik sind in der heutigen Zeit im besonderen Maße durch starke internationale Wirtschaftsverflechtungen und Globalisierungstendenzen gekennzeichnet (daher s. S. 113, 118).

Die Wachstums- und Strukturpolitik

Unter Wachstumspolitik versteht man die Gesamtheit aller staatlichen Maßnahmen zur Förderung bzw. Sicherung des

Wirtschaftswachstums. Mit Hilfe des angestrebten wirtschaftlichen Wachstums sollen vor allem der Wohlstand der Bevölkerung und die Beschäftigungssituation verbessert werden. Die Ansatzpunkte der staatlichen Wachstumspolitik sind u. a. der Wettbewerb auf den Märkten, die Infrastruktur, das Ausbildungssystem und das Steuersystem (z. B. die ökologische Steuerreform aus dem Jahr 1999). Im Zuge des Wirtschaftswachstums verschieben sich bestimmte Bereiche der Gesamtwirtschaft auf lange Sicht. Dies wiederum kann zu Ungleichgewichten führen. Die Strukturpolitik umfasst alle Maßnahmen, die darauf abzielen, strukturelle Anpassungsprozesse in einer Volkswirtschaft zu initiieren, zu forcieren, zu erleichtern bzw. zu mildern oder zu stoppen.

Strukturwandel

Von strukturellen Anpassungsprozessen spricht man, wenn sich Verschiebungen (z. B. auf dem Arbeitsmarkt, der Angebots- und der Nachfrageseite) zwischen den Wirtschaftssektoren (Drei-Sektoren-Theorie: Landwirtschaft, Industrie, Handel) bzw. den einzelnen geographischen Regionen oder innerhalb der Sektoren bzw. Regionen ergeben. Die Verschiebung zwischen den Sektoren bezeichnet man als intersektoralen Strukturwandel, die Verschiebung innerhalb eines Sektors als intrasektoralen Strukturwandel.

Beispiel: Intrasektoraler Strukturwandel

Seit vielen Jahren ist z. B. in der Landwirtschaft ein intrasektoraler Strukturwandel zu beobachten, z. B. der Wandel hin zur Produktion von Bio-Produkten. U. a. durch die BSE-Krise erfolgte eine Beschleunigung des Wandels.

Regionale und sektorale Strukturpolitik

Teilbereiche der Strukturpolitik sind die regionale und sektorale Strukturpolitik. Ziel der regionalen Strukturpolitik ist es, Ungleichheiten (Disparitäten) zwischen den Regionen abzubauen. Infrastrukturmaßnahmen und Investitionszuschüsse sind u. a. Instrumente der regionalen Strukturpolitik. Ziel der sektoralen Strukturpolitik ist es, Richtung und/oder Tempo des sektoralen Strukturwandels zu verändern. Eingriffe in die Wettbewerbsordnung, die Festlegung von Produktionsmengen und Preisen (z. B. teilweise im Bereich der Landwirtschaft) sowie Subventionen sind u. a. Instrumente der sektoralen Strukturpolitik.

Beispiele: Regionale und sektorale Strukturpolitik

Regionale Strukturpolitik: Mit den EU-Strukturfonds will die EU zur Verringerung der Ungleichgewichte zwischen den Regionen und sozialen Gruppen sowie zur Stärkung des wirtschaftlichen und sozialen Zusammenhalts in der EU beitragen.

Sektorale Strukturpolitik: Die „ökologische Landwirtschaft" erfährt derzeit eine besondere Förderung im Rahmen der sektoralen Strukturpolitik, z. B. in Form von Direktinvestitionen in die Unternehmen oder Förderungen der Berufsausbildung.

Die Mittelstandspolitik dient dem Ausgleich solcher Wettbewerbsnachteile, die kleinere und mittlere Unternehmen aufgrund ihrer geringeren Marktmacht gegenüber Großunternehmen haben, z. B. in Form des Abbaus von bürokratischen Hindernissen und der Erleichterung an der Teilnahme öffentlicher Ausschreibungen.

Auf einen Blick: Wirtschaftsordnungen und -politik

- Die Soziale Marktwirtschaft verbindet die freie Abwicklung des Marktes zweckmäßig mit Eingriffs- und Lenkungsmöglichkeiten des Staates.
- Der Staat ist dabei den Zielen Freiheit, Gerechtigkeit, Wohlstand und Sicherheit verpflichtet.
- Das Wachstum einer Volkswirtschaft wird vor allem als quantitatives Wachstum gemessen, nämlich mittels des langfristigen Anstiegs des Bruttoinlandsprodukts.
- Konjunktur ist das mittelfristige Auf und Ab bei der Entwicklung des Wachstums. Ursachen dafür sind Veränderungen im Kaufverhalten, ungleichmäßige Entwicklung von Geldmenge und Güterangebot sowie ein Ungleichgewicht zwischen Sparen und Investitionen.
- Hauptsächlich können vier Ziele der staatlichen Wirtschaftspolitik benannt werden: Stabilität des Preisniveaus, hoher Beschäftigungsstand, außenwirtschaftliches Gleichgewicht sowie stetiges und angemessenes Wachstum.
- Die wirtschaftspolitischen Strategien zum Erreichen dieser Ziele setzen entweder eher auf die Stärkung der Nachfrageseite oder auf die Stärkung der Angebotseite.

Internationale Wirtschaftsbeziehungen

Die zunehmenden globalen Verflechtungen von Märkten gelten als wichtiger Motor des weltweiten Wachstums. Aber auch auf die einzelnen Volkswirtschaften wirken sie zurück, denn die damit verbundenen Freiheiten des Handels, der Reisemöglichkeiten und der Niederlassungen gehen einher mit Auflösungstendenzen von national geprägten Ordnungen.

In diesem Kapitel lesen Sie,

- welche Ziele die Europäische Gemeinschaft verfolgt (S. 112),
- wie die Europäische Zentralbank die europäische Geldpolitik prägt (S. 113),
- wie Freihandel den Wettbewerb fördert (S. 118) und
- wie sich die Globalisierung auf die Volkswirtschaften auswirkt (S. 122).

Rolle und Ziele der Europäischen Gemeinschaft

Nach dem Zweiten Weltkrieg setzte sich die Vorstellung durch, dass man einen stabilen Frieden in Europa nur mittels einer wirtschaftlichen und sozialen Zusammenarbeit der europäischen Staaten gewährleisten kann. Seit der Unterzeichnung des sogenannten Schumann-Plans von 1950 wurde schrittweise die Europäische Union (EU) eingeführt. Die EU basiert auf drei Säulen (Vertrag von Maastricht):

- der Europäischen Gemeinschaft, die eine gemeinsame Binnenwirtschaft und die Währungsunion beinhaltet,
- der gemeinsamen Außen- und Sicherheitspolitik und
- der Zusammenarbeit in der Innen- und Justizpolitik.

Aus volkswirtschaftlicher Sicht ist insbesondere die gemeinsame Binnenwirtschaft von Interesse. Seit 1993 ist die EU ein Raum ohne Binnengrenzen, in dem der freie Verkehr von Waren, Personen, Dienstleistungen und Kapital gewährleistet ist:

- **Der freie Warenverkehr** bedeutet, dass die Mitgliedstaaten gegenseitig auf Zölle verzichten und einen gemeinsamen Zolltarif gegenüber Drittländern festlegen.
- **Der freie Personenverkehr** beinhaltet das Recht, an jedem beliebigen Ort innerhalb der EU eine Wirtschaftstätigkeit zu suchen und auszuüben, ohne Behinderungen und Diskriminierung.
- **Der freie Dienstleistungs- oder Transportverkehr** regelt die Bedingungen für den Durchgangsverkehr, für die Zu-

lassungen von Verkehrsunternehmen und für die Verkehrssicherheit.

- **Der freie Verkehr des Kapitals** sieht den freien Einsatz von Kapital in allen Bereichen der EU vor, sofern es für das Funktionieren des gemeinsamen Marktes erforderlich ist.

Notwendige Voraussetzung für einen gemeinsamen Binnenmarkt war die Einführung der Europäischen Wirtschafts- und Währungsunion. Dabei wurden die Wirtschafts- und Währungspolitiken der einzelnen Länder aufeinander abgestimmt und vereinheitlicht, z. B. durch die Festlegung einer gemeinsamen Währung und der sogenannten Konvergenzkriterien. Die Konvergenzkriterien legen die Voraussetzungen für die Einführung einer einheitlichen Währung fest. Sie sind notwendig für die Angleichung der volkswirtschaftlichen Ergebnisse der verschiedenen Länder. Zu den Kriterien gehören die Preisstabilität, die Haushaltsdisziplin, die Währungsstabilität und der Zinssatz.

Politik des Geldes

Für die Mitgliedstaaten der EU ist die Europäische Zentralbank (EZB) die Trägerin der Geldpolitik. Die EZB, die nationalen Zentralbanken und die nationalen Regierungen müssen eng zusammenarbeiten, um das Ziel der Geldwertstabilität zu erhalten. Generell bleibt die EZB aber unabhängig von den nationalen Regierungen. Bei kontroversen Zielvorstellungen mit entsprechend unterschiedlichen Maßnahmen gibt die EZB dann dem Ziel des stabilen Preisniveaus den Vorrang.

Antizyklische Geldpolitik

Im Rahmen der antizyklischen Geldpolitik stehen der EZB verschiedene Instrumente zur Verfügung. Antizyklisch bedeutet auch hier – ähnlich wie bei den Maßnahmen des Staates bei Konjunkturschwankungen – ein Eingreifen, das dem Geschehen auf dem Geldmarkt entgegengesetzt ist.

Generell greift die EZB nur indirekt in das Marktgeschehen ein, indem sie die Geldnachfrage und das Geldangebot beeinflusst. Zu den geldpolitischen Instrumenten zählen u. a. die Offenmarktpolitik, die Mindestreservepolitik und die Ständigen Fazilitäten.

Die Offenmarktpolitik

Die Offenmarktpolitik steht im Zentrum der Instrumente der EZB. Mittels der Offenmarktgeschäfte hat sie relativ schnell die Möglichkeit, die Zinssätze und die Liquidität am Geldmarkt zu beeinflussen. Zugleich gilt diese Politik als Richtungsanzeiger für den geldpolitischen Kurs der EZB. Das heißt, dass sie über die Maßnahmen z. B. einer Inflation entgegenwirken will. Die EZB kauft oder verkauft im Rahmen der Offenmarktgeschäfte Wertpapiere. Beim Kauf gibt sie an Banken und Nichtbanken Geld ab. Damit steht dem Wirtschaftskreislauf mehr Geld zur Verfügung. Die Folge sind eine Anregung der Nachfrage und die Belebung der Konjunktur. Beim Verkauf von Wertpapieren dagegen fließt das Geld an die Zentralbank zurück. Damit wird das Geld knapper, die Zinsen steigen und die Nachfrage geht zurück. Über die Festlegung der Zinsen für diese Geschäfte hat die EZB die zusätzliche Möglichkeit, auf die Geldmenge Einfluss zu nehmen.

Die Mindestreservepolitik

Die Mindestreservepolitik ist ein liquiditätspolitisches Instrument mit dem Ziel der Stabilisierung der Geldmarktzinsen. Sie verpflichtet alle Kreditinstitute, neben den Barreserven zusätzlich Mindestreserven bei der Zentralbank zu halten. Die Mindestreserven sind jeweils in Höhe von zwei Prozent auf alle Sicht- und Termineinlagen, Schuldverschreibungen und Geldmarktpapiere zu leisten. Dadurch werden die Geldmarktzinsen stabilisiert – also ein Trend nach oben oder unten aufgehalten –, weil die Geschäftsbanken durch den Zwang zur Mindestreserve weniger Kredite ausgeben können und dadurch höhere Zinsen verlangen müssen. Die Bankkunden nehmen weniger Kredite auf und das Wachstum der Geldmenge verringert sich.

Die Ständigen Fazilitäten

Der Begriff „Fazilität" bedeutet innerhalb der Finanzwelt die von einer Bank ihren Kunden eingeräumte Möglichkeit, innerhalb festgelegter Grenzen kurzfristig Kredite in Anspruch zu nehmen oder Guthaben anzulegen. Die EZB räumt den Geschäftsbanken aller EU-Länder sogenannte Ständige Fazilitäten ein. Das sind Refinanzierungsmöglichkeiten, mit denen sie den kurzfristigen Geldmarktzins steuert. Unterscheiden lassen sich hier die

- Spitzenrefinanzierungsfazilität, bei der sich die Geschäftsbanken von den nationalen Zentralbanken Geld beschaffen, um kurzfristig zahlungsfähig zu bleiben (die Deutsche Bank spricht vom „Übernacht-Kredit"), und die

- Einlagefazilität, die dem umgekehrten Prozess entspricht: Haben die Geschäftsbanken Liquiditätsüberschüsse, können sie diese kurzfristig bei den nationalen Zentralbanken anlegen.

Auch hier steuert die EZB die Geldmenge über den Zins: Erhöht sie die Zinsen für Fazilitäten, müssen auch die Geschäftsbanken ihre Kredite teurer anbieten, die Bankkunden nehmen weniger Kredite auf, das Wachstum der Geldmenge verringert sich.

Exkurs: Leitzinsen

Im Eurosystem haben Senkung und Erhöhung der Zinssätze (z. B. für die Einlagefazilität und die Spitzenrefinanzierungsfazilität) Signalwirkung auf die Volkswirtschaften der einzelnen EU-Länder. Innerhalb dieser Finanzsysteme spricht man auch von sogenannten Leitzinsen. Sie geben die Bedingungen an, zu denen sich Kreditinstitute bei Zentralbanken mit Geld versorgen. Die Zentralbanken können durch die Festsetzung ihrer Zinssätze die Zinsverhältnisse am Geldmarkt und die allgemeine Zinsentwicklung beeinflussen.

Bei einer Erhöhung der Leitzinsen geben Geschäftsbanken die gestiegenen – eigenen – Kosten an ihre Kunden (Unternehmen und Haushalte) in Form höherer Kredit- und Guthabenzinsen weiter und Geschäftsbankkredite werden „teurer". Entsprechend gilt: Bei einer Senkung der Leitzinsen werden Geschäftsbankkredite „billiger". Mit den geldpolitischen Maßnahmen der Erhöhung oder Senkung der Leitzinsen verfolgt die EZB bestimmte Ziele:

- Werden die Leitzinsen angehoben, soll die Inflation niedrig gehalten werden – Geschäftsbankkredite werden „teurer" (restriktivere Geldpolitik).
- Werden die Leitzinsen gesenkt, soll die Deflation niedrig gehalten werden – Geschäftsbankkredite werden „billiger" (expansive Geldpolitik).

Auswirkungen auf die Volkswirtschaften

Gesamtwirtschaftlich gesehen „dämpft" eine Leitzinserhöhung das Wirtschaftswachstum, dies aber sehr langfristig. Die Folgen lassen sich grob an einem Beispiel skizzieren.

Beispiel: Erhöhung von Leitzinsen

Kredite werden teurer und damit unattraktiver.

Letztlich investieren die Unternehmen weniger, weil die Finanzierung von Investitionen über Kredite teurer wird.

Die Haushalte nehmen weniger Kredite auf und sparen mehr. Dadurch sinkt die Nachfrage nach Gütern und Dienstleistungen und die Preise sinken.

Auch an der Börse wirkt sich dies aus: z. B. steigen die Zinserträge von Anleihen (Rentenpapiere) und gewinnen dadurch für Anleger im Vergleich zu Aktien höhere Attraktivität. Die Aktienkurse sinken oder steigen langsamer. Dadurch wächst das Vermögen der Aktienbesitzer langsamer bzw. verringert sich, die u. a. deswegen ihren Konsum einschränken. Außerdem erhalten Unternehmen bei niedrigerem Börsenkurs der Unternehmensaktie schwerer Kredite bei den Banken.

Der Wechselkurs des Euro ist betroffen: Eine Zinserhöhung geht mit einer Aufwertung des Euro einher. Das bedeutet z. B., dass europäische Waren im Ausland teurer und Importe billiger werden.

Die Nachfrage nach Arbeitskräften wird schwächer, weil sich die Absatzchancen von Unternehmen durch die gesunkene Nachfrage verschlechtern. Die Steigerung der Löhne wird vermindert, Preise steigen langsamer.

Außenwirtschaftliche Verflechtungen

Zur Außenwirtschaftspolitik zählen die Außenhandelspolitik, die Währungspolitik und der Außenwert der Währung, das außenwirtschaftliche Gleichgewicht und die Zahlungsbilanz. Vorrangiges Ziel der Außenwirtschaftspolitik ist die Sicherung eines außenwirtschaftlichen Gleichgewichts.

Die Außenhandelspolitik

Der gesamte Außenhandel umfasst alle grenzüberschreitenden Güter- und Dienstleistungsströme. Je nach den Gegebenheiten kann ein Staat den unbeschränkten Handel, den sogenannten Freihandel, fördern. Bei Fehlentwicklungen kann er ihn auch staatlich regulieren. Man spricht dann von Protektionismus.

Der Freihandel

Mittels des Freihandels haben die Unternehmen die Möglichkeit, ihre Güter und Dienstleistungen auf den Binnenmärkten anderer Länder ohne jegliche Beschränkung anzubieten.

> Das Ziel ist die Intensivierung des weltweiten Wettbewerbs und dadurch die Steigerung des Wachstums auch in der Binnenwirtschaft.

Vorteile hiervon sind die Vielfalt des angebotenen Sortiments, der freie Zugang zu den Binnenmärkten und die Konzentration auf wettbewerbsfähige Güter und Dienstleistungen innerhalb einer Volkswirtschaft. Befürworter des Freihandels nehmen an, dass in der Binnenwirtschaft dadurch

z. B. schneller optimale Betriebsgrößen erreicht werden und Innovationen beschleunigt werden. Instrumente des Freihandels sind z. B. der Abbau von Subventionen innerhalb der Binnenwirtschaft, um Vorteile einheimischer Unternehmen gegenüber Importeuren aus dem Ausland abzubauen, oder die Senkung bzw. Abschaffung von Einfuhrzöllen. Teilweise werden diese Instrumente über Freihandelsabkommen zwischen Ländern vertraglich vereinbart. In deren Rahmen werden sogenannte Freihandelszonen geschaffen, z. B. der EWR (Europäischer Wirtschaftsraum) oder die NAFTA, ein Freihandelsabkommen zwischen den USA, Kanada und Mexiko.

Beispiel: Probleme des Freihandels

Insbesondere in Deutschland kann der Freihandel zu großen Problemen führen. Da hier die Lohnkosten relativ hoch sind, ist z. B. die Konkurrenz für die deutsche Textilindustrie auf den weltweiten Märkten enorm hoch. Die Folge wäre Arbeitslosigkeit aufgrund von Schließungen von textilherstellenden Industriewerken und Zulieferern, was bis zum Wegfall der gesamten Textilindustrie in Deutschland gehen könnte.

Protektionismus

Protektionismus liegt vor, wenn der Staat schützend in den weltwirtschaftlichen Handel eingreift, um die Wirtschaftsbereiche des eigenen Landes vor zu starker ausländischer Konkurrenz zu schützen. Es gibt zwei Arten von Eingriffen:

- **Zu den tarifären Handelshemmnissen** gehören Zölle und Steuern, welche die einheimische Produktion begünstigen sollen. Ebenfalls zählen hierzu Subventionen und Steuererleichterungen, wenn die Außenwirtschaft in einem bestimmten Zeitraum und in einem bestimmten Bereich gefördert werden soll. Die wichtigste Art sind Import- bzw. Einfuhrzölle. Tarifäre Handelshemmnisse sind Preispolitik und als solche indirekte Eingriffe in die wirtschaftlichen Prozesse. Da der Preismechanismus erhalten bleibt und auch die Unternehmen frei in ihren wirtschaftlichen Entscheidungen sind, gelten die tarifären Handelshemmnisse als marktkonform.

- **Die nichttarifären Handelshemmnisse** dagegen gelten als marktinkonform, da diese direkt in die Mechanismen des Marktes eingreifen. Maßnahmen dieser Mengenpolitik sind mengenmäßige Beschränkungen der Ein- und Ausfuhr, technische Normen, Gesundheits- und Sicherheitsstandards (verbunden mit zusätzlichen Kosten), staatliche Bevorzugung inländischer Produzenten, Aufrufe zum Boykott ausländischer Waren.

  Da diese Handelshemmnisse in ihrer Wirkung nicht klar abschätzbar sind und zudem durchaus eine Gefahr für den freien Welthandel darstellen, sind die zwei erstgenannten nach der Welthandelsordnung (WTO) nur mit Ausnahmegenehmigungen umzusetzen, die zwei letztgenannten verboten. Ausnahmen sind sogenannte Embargos, die auf politischer Ebene beschlossen werden.

Außenwirtschaftliches Gleichgewicht

Die Absicherung eines außenwirtschaftlichen Gleichgewichts gehört zu den Teilzielen des gesamtwirtschaftlichen Gleichgewichts. Um dies zu erreichen, stehen der Außenwirtschaftspolitik unterschiedliche Instrumente zur Verfügung.

Hinsichtlich der güterwirtschaftlichen Maßnahmen kann der Staat über die Preispolitik für Preisbe- und -entlastungen bei Importen bzw. Exporten sorgen. Über die Mengenpolitik kann er mittels Einführung und Aufhebung von Import- und Exportkontingenten Einfluss nehmen. Die monetären Maßnahmen schließen die Wechselkurspolitik (Auf- bzw. Abwertung der Wechselkurse) und die Bardepotpolitik (Regelungen über die Höhe zinsloser Zwangseinlagen) ein.

Die außenwirtschaftlichen Beziehungen haben eine große Bedeutung für die Volkswirtschaft. Deshalb werden die Transaktionen zwischen In- und Ausländern statistisch erfasst und in einer Zahlungsbilanz dargestellt. Die wichtigsten Posten sind dabei der Warenimport und der Warenexport.

Beispiel: Vorgänge für die Jahresbilanz

Erfasst werden z. B. der Import ausländischer Motorräder, Kauf von ausländischen Aktien oder die Überweisung eines deutschen Urlaubers an ein Hotel in Italien.

Organisationen und Abkommen

Da der Austausch zwischen den Volkswirtschaften in den letzten Jahrzehnten erheblich zugenommen hat, diese selbst aber sehr unterschiedliche Wirtschaftsordnungen darstellen, wurde ein System verschiedener Regelungen für eine Weltwirtschaftsordnung und für eine Weltwährungsordnung geschaffen, mit dem Ziel, den Außenhandel und die internationale Arbeitsteilung zu fördern, zu steuern und zu regulieren.

Beispiel: Weltwirtschafts- und Weltwährungsordnung

Organisationen der Weltwirtschaftsordnung: z. B. die Welthandelsorganisation (WTO), die EU und die Organisation für wirtschaftliche Zusammenarbeit und Entwicklung (OECD). Organisationen der Weltwährungsordnung: z. B. der Internationale Währungsfonds und die Weltbankgruppe.

Globalisierungstendenzen

Als Globalisierung lässt sich der Prozess der zunehmenden internationalen Verflechtung in allen Bereichen der Gesellschaft bezeichnen: in Wirtschaft, Politik, Kultur, Umwelt, Kommunikation etc.

> Zu den wichtigsten Elementen von Globalisierung aus wirtschaftlicher Sicht gehören der internationale Handel und Wettbewerb, die Globalisierung von Finanzen und die weltweiten Veränderungen der Umwelt.

Beim Thema „Freihandel" haben wir es bereits angesprochen: Ein funktionierender weltweiter Wettbewerb ist die Voraussetzung für eine optimale Versorgung mit Gütern und Dienstleistungen, sowohl für die eigene Volkswirtschaft als auch weltweit. In engem Zusammenhang mit dem globalisierten Wettbewerb stehen deshalb auch die Ausweitung der internationalen Arbeitsteilung, der globalen Finanzmärkte und des Marktes der Dienstleistungen. Begünstigt werden die globalen Entwicklungen durch die starke Entwicklung der Informations- und Kommunikationstechnologien. Hinzu kommt eine fast grenzenlose mobile Wirtschaft: Güter, Kapital, Produktion und Arbeitskräfte sind beweglich, also mobil – und das zu so niedrigen Kosten (z. B. für Kommunikation oder Transport), dass geographische Entfernungen für manche Unternehmen in vielen Fällen nur noch ein geringer Kostenfaktor sind.

Beispiele: Konsumgüter und Dienstleistungen

Steigerung der Angebote und der Konkurrenz: z. B. im Lebensmittelbereich Äpfel aus Neuseeland.
Ausweitung der internationalen Arbeitsteilung: Verlagerung der Herstellung in Länder mit geringeren Lohnkosten, z. B. im Textil-Produktionsbereich oder bei Dienstleistungen wie Call Center.

Problemfelder der Globalisierung

Wie auch auf nationaler Ebene gilt allerdings, dass ein möglichst freier Wettbewerb selbst zwar gewährleistet sein muss, dass es aber Kontrollorgane geben muss, die eine Ausschaltung des Wettbewerbs durch Zusammenschlüsse (z. B. Kartelle) verhindern. Daneben ergeben sich noch zahlreiche weitere Bereiche, welche die einzelnen Volkswirtschaften vor neue Herausforderungen stellen.

Beispiel: Auswirkungen der Globalisierung

Zur Globalisierung gehört die schwindende Bedeutung räumlicher Bindung. Durch die Öffnung für den internationalen Handel werden die Standorte zur Disposition gestellt. So werden z. B. kleine regionale von internationalen Unternehmen aufgekauft bzw. internationale Unternehmen verlagern ihre Produktionsstandorte in Länder mit geringeren Lohnkosten – und erhöhen die Arbeitslosenquote in den Ländern der ursprünglichen Standorte. Globalisierungskritiker benutzen dafür in manchen Fällen den Begriff „Heuschrecken-Kapitalismus". Damit wollen sie zum Ausdruck bringen, dass sich Unternehmen bei ihren Entscheidungen ausschließlich am Ziel der Gewinnsteigerung orientieren und das Element der sozialen Verantwortung, z. B. gegenüber Arbeitskräften in der Binnenwirtschaft, schwindet.

Auf einen Blick: Internationale Wirtschaftsbeziehungen

- Mit der Einführung der Europäischen Wirtschafts- und Währungsunion entstand die EU als Raum ohne Binnengrenzen, in dem der freie Verkehr von Waren, Personen, Dienstsleistungen und Kapitel gewährleistet ist.
- Die Europäische Zentralbank lenkt die Geldpolitik innerhalb der Europäischen Währungsunion. Sie greift nur indirekt in das Marktgeschehen ein, indem sie Geldangebot und -nachfrage beeinflusst. Die Anwendung der geldpolitischen Instrumente hat gesamtwirtschaftliche Auswirkungen auf die Volkswirtschaften der Mitgliedstaaten.
- Freihandel ist wirtschaftlich und politisch gewollt: Er intensiviert den Wettbewerb und steigert das Wachstum der handelnden Volkswirtschaften.
- Mit der Globalisierung ist u. a. eine neue Stufe von weltweitem Handel erreicht, der die Volkswirtschaften zugleich vor neue Herausforderungen und Probleme stellt.

Stichwortverzeichnis

Bibliografische Information der Deutschen Nationalbibliothek
Die Deutsche Nationalbibliothek verzeichnet diese Publikation in der Deutschen Nationalbibliografie; detaillierte bibliografische Daten sind im Internet über http://dnb.ddb.de abrufbar.

ISBN 978-3-448-08697-3
Bestell-Nr. 00970-0001

Postanschrift: Postfach, 82142 Planegg
Hausanschrift: Fraunhoferstraße 5, 82152 Planegg
Fon (0 89) 8 95 17-0, Fax (0 89) 8 95 17-2 50
E-Mail: online@haufe.de
Internet: www.haufe.de
Redaktion: Jürgen Fischer
Redaktionsassistenz: Christine Rüber

Gesamtbetreuung und Lektorat: Sylvia Rein, 81371 München
Umschlaggestaltung: Kienle gestaltet, 70182 Stuttgart
Umschlagentwurf: Agentur Buttgereit & Heidenreich, 45721 Haltern am See
Druck: freiburger graphische betriebe, 79108 Freiburg

Zur Herstellung der Bücher wird nur alterungsbeständiges Papier verwendet.

Die Autoren

Prof. Dr. Bernd O. Weitz

ist Lehrstuhlinhaber der Lehr- und Forschungseinheit Wirtschaftswissenschaft, Bildungsökonomie und Ökonomische Bildung an der Universität zu Köln. Er ist Herausgeber und Autor zahlreicher Fachpublikationen, auch im Schulbuchbereich.

Anja Eckstein

ist wissenschaftliche Mitarbeiterin bei Prof. Dr. Bernd O. Weitz am Lehrstuhl für Wirtschaftswissenschaft, Bildungsökonomie und Ökonomische Bildung an der Universität zu Köln.

Weitere Literatur

„BWL Grundwissen", von Prof. Dr. Wolfgang Mentzel, 128 Seiten, € 6,90, ISBN 978-3-448-07384-3, Bestell-Nr. 00735

„BWL Grundwissen Trainer", von Prof. Dr. Helmut Geyer, 128 Seiten, mit CD-ROM, € 9,90, ISBN 978-3-448-07230-3, Bestell-Nr. 00777

TaschenGuides – Qualität entscheidet

Bereits erschienen:

Der Betrieb in Zahlen

- 400 € Mini-Jobs
- Balanced Scorecard
- Betriebswirtschaftliche Formeln
- Bilanzen
- Buchführung
- Businessplan
- BWL Grundwissen
- BWL kompakt – die 100 wichtigsten Fakten
- Controllinginstrumente
- Deckungsbeitragsrechnung
- Einnahmen-Überschussrechnung
- Finanz- und Liquiditätsplanung
- Die GmbH
- IFRS
- Kaufmännisches Rechnen
- Kennzahlen
- Kontieren und buchen
- Kostenrechnung
- Lexikon Rechnungswesen
- Mathematische Formeln
- VWL Grundwissen

Mitarbeiter führen

- Besprechungen
- Checkbuch für Führungskräfte
- Führungstechniken
- Die häufigsten Managementfehler
- Management
- Managementbegriffe
- Mitarbeitergespräche
- Moderation
- Motivation
- Projektmanagement
- Spiele für Workshops und Seminare
- Teams führen
- Workshops
- Zielvereinbarungen und Jahresgespräche

Karriere

- Assessment Center
- Existenzgründung
- Gründungszuschuss
- Jobsuche und Bewerbung
- Vorstellungsgespräche

Geld und Specials

- Sichere Altersvorsorge
- Energie sparen
- Energieausweis
- Geldanlage von A–Z
- IGeL – Medizinische Zusatzleistungen
- Immobilien erwerben
- Immobilienfinanzierung
- Die neue Rechtschreibung
- Eher in Rente
- Web 2.0
- Zitate für Beruf und Karriere
- Zitate für besondere Anlässe

Persönliche Fähigkeiten

- Allgemeinwissen Schnelltest
- Ihre Ausstrahlung
- Business-Knigge – die 100 wichtigsten Benimmregeln
- Mit Druck richtig umgehen
- Emotionale Intelligenz
- Entscheidungen treffen
- Gedächtnistraining
- Gelassenheit lernen
- Glück!
- IQ – Tests
- Knigge für Beruf und Karriere
- Knigge fürs Ausland
- Kreativitätstechniken
- Manipulationstechniken
- Mathematische Rätsel
- Mind Mapping
- NLP
- Peinliche Situationen meistern
- Psychologie für den Beruf
- Schneller lesen
- Selbstmanagement
- Sich durchsetzen
- Soft Skills
- Stress ade
- Verhandeln
- Zeitmanagement